야구소년
플레이북

BASEBALL PLAY BOOK

코치라운드

"적을 때의 마음으로..."

차례		
나의 미래선언	——————————	05
나의 롤모델 찾기	——————————	06
자기진단 체크리스트	——————————	08
나의 목표와 훈련계획	——————————	12
훈련일기	——————————	19
이미지 트레이닝 일기	——————————	111
투수가 스스로에게 답해야 할 질문들	——————————	115
투수와 포수의 경기 리뷰	——————————	116
타자가 스스로에게 답해야 할 질문들	——————————	148
타자의 경기리뷰	——————————	149
나만의 멘탈 프로세스 만들기	——————————	181

- 이 　　름 :

———————————————————

- 전화번호 :

———————————————————

- 학교/소속 :

———————————————————

★ 나의 미래 선언 ★

상상을 하면 가슴이 뛰는 나의 꿈을 적어보세요.

| 작성예 |

- 10년 후 나는 잠실야구장에서 벌어지는 한국시리즈에 선발 투수로 출전한다.
- 2045년에는 나는 롯데 자이언츠의 단장이 된다.

나의 롤모델 찾기 [작성방법]

이 작업은 15분 내외의 시간이 소요됩니다.
방해받지 않고 몰입할 수 있는 장소에서 적어보세요.

1
- 왼쪽 칸에 내가 존경하거나 좋아하는 선수의 이름을 적으세요.
- 너무 깊이 생각하지 마세요.
- 조금이라도 의심스러우면 굳이 적을 필요가 없습니다.
- 최소한 5명 이상 적어보시기 바랍니다.

2
- 다 적었다면 그 선수에 이끌리는 이유를 오른쪽 칸에 적으세요.
- '나는 이 선수의 어떤 면을 존경하고 좋아하는가?'
- 하나가 아니라 여러 가지 면에서 끌릴 수도 있을 겁니다.
- 그러면 밑으로 계속해서 적어내려 가세요.

| 작성예 |

1. 내 마음을 잡아 끄는 선수는?	2. 끌리는 이유는?
• 이승엽 • 구로다 히로키 • 로베르토 클레멘테 • 무하마드 알리 • 초등학교 감독님	• 주눅들지 않고 당당한 모습 • 최고가 되기 위해 노력하는 자세 • 다른 사람을 생각할 줄 아는 희생정신 • 파이팅 넘치고 열정적인 모습 • 겸손하고, 인자한 리더쉽

★ 나의 롤모델 찾기 ★

1. 내 마음을 잡아 끄는 선수는?	2. 끌리는 이유는?
(우리나라 프로야구 선수)	
(일본/미국 프로야구 선수)	
(함께 운동 했던 선후배, 친구)	
(다른 종목 선수)	
(감독님, 코치님)	
(기타)	

자기 진단 체크리스트 [작성방법]

이 작업은 7~8분 내외의 시간이 소요됩니다.
방해받지 않고 몰입할 수 있는 장소에서 적어보세요.

"나는 지금 어디쯤 와 있는가?"

프로팀의 스카우트들은 선수마다 스카우팅 리포트(Scouting Report)를 작성합니다. 선수의 기술과 동작이 어느 정도 수준인지 꼼꼼하게 '평가'하는 것이죠.

스카우팅 리포트가 선수의 입장에서는 '자기진단'의 도구가 될 수 있습니다. 직접 자신의 수준을 진단해 보세요. 자신이 발전시키고 싶은 기술이나 능력이 빠져 있다면 빈 칸에 적으시면 됩니다. 코치님과 부모님께도 한 번 체크해 달라고 부탁해 보시기 바랍니다. (다른 색깔로 하는 것이 좋겠죠?) 그리고 나서 서로 다른 평가를 한 부분을 주제 삼아 이야기를 나눠보세요.

네비게이션이 제일 먼저 하는 일이 현재 위치를 확인하는 것이듯, 모든 변화의 시작은 현재의 자기 자신에 대한 분명한 인식에서 출발합니다.

★ 자기 진단 체크리스트 [야수] ★

작성일 :   년   월   일

내용	탁월함	아주좋음	평균이상	보통	평균이하	부족함	많이 부족함
맞추는 능력							
배트 스피드							
파워							
공격적인 타격자세							
달리기 속도							
베이스런닝							
땅볼 포구 능력							
뜬공 포구 능력							
송구 속도							
송구 정확성							
수비 범위							
공격적인 수비동작							
중계 플레이							
팀 동료 응원							

★ 자기 진단 체크리스트 [투수] ★

작성일 :　　　　년　　　월　　　일

내용		탁월함	아주좋음	평균이상	보통	평균이하	부족함	많이 부족함
포심	속도							
	제구							
커브	속도							
	제구							
슬라이더	속도							
	제구							
체인지업	속도							
	제구							
	속도							
	제구							
투구 메카닉								
번트 처리								
견제								
1루커버								
홈, 3루 백업								
공격적 투구자세								
인터벌								
감정 컨트롤								
팀동료 응원								
마운드 위에서 자신감								

★ 자기 진단 체크리스트 [포수] ★

작성일 :　　　　　년　　　월　　　일

내용	탁월함	아주좋음	평균이상	보통	평균이하	부족함	많이 부족함
맞추는 능력							
배트 스피드							
파워							
공격적인 타격자세							
달리기 속도							
베이스런닝							
프레이밍(미트질)							
투수 리드(볼배합)							
송구 속도							
송구 정확성							
볼 빼는 속도							
블로킹							
파울플라이 처리							
베이스 커버							
팀동료/투수 응원							

나의 목표와 훈련계획 [작성방법]

이 작업은 15분 내외의 시간이 소요됩니다.
방해받지 않고 몰입할 수 있는 장소에서 적어보세요.

앞서 작성한 자기진단 체크리스트를 참고해서 질문에 떠오르는 답을 적어나가면 됩니다. 1년의 목표를 세워도 좋고, 이번 달이나 다가오는 대회의 목표를 세워도 좋습니다. 마음에서 끌리는 것으로 정하세요. 가급적 아래의 예와 같이 문장 형식으로 적어보세요. 문장에는 반드시 언제까지 목표를 이룰 것인지 구체적으로 표현합니다. 자기 자신에 대한 선언이 되어 자연스럽게 목표를 향해 행동하도록 이끌 것입니다.

| 작성예 |

• 올해 (이번 달, 이번 대회) 내가 이루고 싶은 것은?

(예) 이번 달 말까지 타구 스피드를 시속 5km 끌어올린다. (타자)
(예) 이번 동계훈련이 끝날 때까지 2루 송구 시간을 2.1초 이내로 줄인다. (포수)

• 목표를 이루기 위해 해야 하는 것은?	• 목표를 이루기 위해 하지 말아야 하는 것은?
(예) 팀 훈련과 별도로 매일 20분씩 고관절의 가동성을 높이기 위한 트레이닝을 한다. (예) 매일 자기 전 3분 동안 경기 상황을 구체적으로 상상하며 이미지 트레이닝을 한다.	(예) 자기 전에 10분 이상 스마트폰을 하지 않는다. (예) 탄산음료와 과자를 일주일 동안 끊는다.

★ 나의 목표와 훈련계획 ★

작성일 :　　　　년　　　월　　　일

- 올해 (이번 달, 이번 대회) 내가 이루고 싶은 것은?

• 목표를 이루기 위해 해야 하는 것은?	• 목표를 이루기 위해 하지 말아야 하는 것은?

★ 나의 목표와 훈련계획 ★

작성일 :　　　　년　　월　　일

• 올해 (이번 달, 이번 대회) 내가 이루고 싶은 것은?

• 목표를 이루기 위해 해야 하는 것은?	• 목표를 이루기 위해 하지 말하야 하는 것은?

★ 나의 목표와 훈련계획 ★

작성일 :　　　　　년　　월　　일

• 올해 (이번 달, 이번 대회) 내가 이루고 싶은 것은?

• 목표를 이루기 위해 해야 하는 것은?	• 목표를 이루기 위해 하지 말아야 하는 것은?

★ 나의 목표와 훈련계획 ★

작성일 : 　　년　　월　　일

- 올해 (이번 달, 이번 대회) 내가 이루고 싶은 것은?

- 목표를 이루기 위해 해야 하는 것은?

- 목표를 이루기 위해 하지 말하야 하는 것은?

★ 나의 목표와 훈련계획 ★

작성일 :　　　　년　　월　　일

- 올해 (이번 달, 이번 대회) 내가 이루고 싶은 것은?

• 목표를 이루기 위해 해야 하는 것은?	• 목표를 이루기 위해 하지 말아야 하는 것은?

BASEBALL PLAY BOOK

훈련 일기 [작성방법]

이 작업은 8~9분 내외의 시간이 소요됩니다.

오늘 훈련을 하며 있었던 여러 장면을 떠올리며 질문에 답합니다.

| 작성예 |

- 무엇에 초점을 맞추어 훈련을 했나요?
  (훈련의 목적이 구체적일 때 나의 몸과 마음도 따라 움직입니다.)

(예) 캐치볼을 할 때나 수비연습을 할 때 모든 송구를 정확하게 하기

(예) 타석에 들어서기 전에 먼저 심호흡을 크게 하기

- 오늘 연습을 하며 새롭게 알게 된 것이 있다면?

(예) 글러브의 움직임에 몸이 따라가면 더 자연스러운 송구 동작으로 이어지는 것 같다.

(예) 마운드 위에서 발을 비튼다는 느낌으로 앞으로 나아갈 때 밸런스가 좋아지는 것을 느꼈다.

- 팀 훈련 이외에 나의 발전을 위해 혼자 한 연습은 무엇인가요?

(예) 불펜 피칭을 시작하기 전에 제이밴드로 팔과 어깨를 풀었다.

(예) 배팅 게이지에서 타격 연습을 하기 전에 이번 겨울에 루틴으로 정한 나만의 5가지 드릴을 연습했다.

- 매일 바뀌는 코칭 질문에 답을 하며 자기 자신과 대화를 나눠보세요

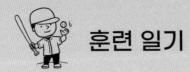

훈련 일기

작성일 :　　　　년　　　월　　　일

- 무엇에 초점을 맞추어 훈련을 했나요?
  (훈련의 목적이 구체적일 때 나의 몸과 마음도 따라 움직입니다.)

- 오늘 연습을 하며 새롭게 알게 된 것이 있다면?

- 팀 훈련 이외에 나의 발전을 위해 혼자 한 연습은 무엇인가요?

- 어려움을 겪고 있는 팀동료를 떠올려 보세요. 그를 위해 내가 해줄 수 있는 말이나 행동은 무엇이 있을까요?

지난 밤 수면 시간은? _____ 시간

훈련 일기

작성일 :　　　　년　　　월　　　일

• 무엇에 초점을 맞추어 훈련을 했나요?
  (훈련의 목적이 구체적일 때 나의 몸과 마음도 따라 움직입니다.)

• 오늘 연습을 하며 새롭게 알게 된 것이 있다면?

• 팀 훈련 이외에 나의 발전을 위해 혼자 한 연습은 무엇인가요?

• 프로야구 선수가 된다면 어떤 노래를 등장 음악으로 사용하고 싶나요?

지난 밤 수면 시간은? _____ 시간

훈련 일기

작성일 : 　년　　월　　일

- 무엇에 초점을 맞추어 훈련을 했나요?
  (훈련의 목적이 구체적일 때 나의 몸과 마음도 따라 움직입니다.)

- 오늘 연습을 하며 새롭게 알게 된 것이 있다면?

- 팀 훈련 이외에 나의 발전을 위해 혼자 한 연습은 무엇인가요?

- 요즘 가장 고마운 사람은 누구입니까? 그 이유도 적어볼까요?

지난 밤 수면 시간은? _____ 시간

훈련 일기

작성일 :   년   월   일

• 무엇에 초점을 맞추어 훈련을 했나요?
 (훈련의 목적이 구체적일 때 나의 몸과 마음도 따라 움직입니다.)

• 오늘 연습을 하며 새롭게 알게 된 것이 있다면?

• 팀 훈련 이외에 나의 발전을 위해 혼자 한 연습은 무엇인가요?

• 긴장되는 상황에서 내가 하는 루틴은 무엇인가요? 그 루틴을 실천하면 어떤 변화가 있나요?

지난 밤 수면 시간은? _____ 시간

훈련 일기

작성일 :　　　　년　　　월　　　일

- 무엇에 초점을 맞추어 훈련을 했나요?
  (훈련의 목적이 구체적일 때 나의 몸과 마음도 따라 움직입니다.)

- 오늘 연습을 하며 새롭게 알게 된 것이 있다면?

- 팀 훈련 이외에 나의 발전을 위해 혼자 한 연습은 무엇인가요?

- 야구를 하는 이유가 무엇인가요?

지난 밤 수면 시간은? _____ 시간

훈련 일기

작성일 :　　　　년　　　월　　　일

- 무엇에 초점을 맞추어 훈련을 했나요?
  (훈련의 목적이 구체적일 때 나의 몸과 마음도 따라 움직입니다.)

- 오늘 연습을 하며 새롭게 알게 된 것이 있다면?

- 팀 훈련 이외에 나의 발전을 위해 혼자 한 연습은 무엇인가요?

- 20년 후에 나는 어디서 무엇을 하고 있을까요?

지난 밤 수면 시간은? _____ 시간

훈련 일기

작성일 :　　　　년　　　월　　　일

- 무엇에 초점을 맞추어 훈련을 했나요?
  (훈련의 목적이 구체적일 때 나의 몸과 마음도 따라 움직입니다.)

- 오늘 연습을 하며 새롭게 알게 된 것이 있다면?

- 팀 훈련 이외에 나의 발전을 위해 혼자 한 연습은 무엇인가요?

- 더 나은 선수가 되기 위해 지금 당장 그만두어야 하는 것은 무엇인가요?

지난 밤 수면 시간은? _____ 시간

훈련 일기

작성일 :   년   월   일

- 무엇에 초점을 맞추어 훈련을 했나요?
  (훈련의 목적이 구체적일 때 나의 몸과 마음도 따라 움직입니다.)

- 오늘 연습을 하며 새롭게 알게 된 것이 있다면?

- 팀 훈련 이외에 나의 발전을 위해 혼자 한 연습은 무엇인가요?

- 최근에 친구나 선후배로부터 배운 것이 있다면 적어보세요.

지난 밤 수면 시간은? _____ 시간

훈련 일기

작성일 :　　　년　　　월　　　일

• 무엇에 초점을 맞추어 훈련을 했나요?
  (훈련의 목적이 구체적일 때 나의 몸과 마음도 따라 움직입니다.)

• 오늘 연습을 하며 새롭게 알게 된 것이 있다면?	• 팀 훈련 이외에 나의 발전을 위해 혼자 한 연습은 무엇인가요?

• 오늘의 자기 자신을 칭찬한다면? 구체적으로 적어봅니다.

지난 밤 수면 시간은? ＿＿＿＿＿＿ 시간

훈련 일기

작성일 :　　　　　년　　　월　　　일

• 무엇에 초점을 맞추어 훈련을 했나요?
  (훈련의 목적이 구체적일 때 나의 몸과 마음도 따라 움직입니다.)

• 오늘 연습을 하며 새롭게 알게 된 것이 있다면?

• 팀 훈련 이외에 나의 발전을 위해 혼자 한 연습은 무엇인가요?

• 최근에 좋아진 것이 있다면 그 이유는 무엇때문인가요?

지난 밤 수면 시간은? _____ 시간

훈련 일기

작성일 :   년   월   일

- 무엇에 초점을 맞추어 훈련을 했나요?
  (훈련의 목적이 구체적일 때 나의 몸과 마음도 따라 움직입니다.)

오늘 연습을 하며 새롭게 알게 된 것이 있다면?	팀 훈련 이외에 나의 발전을 위해 혼자 한 연습은 무엇인가요?

- 연습이나 경기 중에 심호흡을 자주 하는 편인가요? 아니라면 왜 그런지 이유를 생각해 봅니다.

🌙 지난 밤 수면 시간은? _____ 시간

훈련 일기

작성일 :   년   월   일

• 무엇에 초점을 맞추어 훈련을 했나요?
  (훈련의 목적이 구체적일 때 나의 몸과 마음도 따라 움직입니다.)

• 오늘 연습을 하며 새롭게 알게 된 것이 있다면?	• 팀 훈련 이외에 나의 발전을 위해 혼자 한 연습은 무엇인가요?

• 내가 요즘 탓하고 있는 사람이 있나요? 그 사람 탓을 하고 나면 나의 기분은 어떤가요?

훈련 일기

작성일 :　　　　년　　월　　일

• 무엇에 초점을 맞추어 훈련을 했나요?
  (훈련의 목적이 구체적일 때 나의 몸과 마음도 따라 움직입니다.)

• 오늘 연습을 하며 새롭게 알게 된 것이 있다면?

• 팀 훈련 이외에 나의 발전을 위해 혼자 한 연습은 무엇인가요?

• 야구를 하며 내가 절대로 할 수 없다고 단정지은 것이 있나요? 왜 그런가요?

지난 밤 수면 시간은? _____ 시간

훈련 일기

작성일 :   년   월   일

• 무엇에 초점을 맞추어 훈련을 했나요?
  (훈련의 목적이 구체적일 때 나의 몸과 마음도 따라 움직입니다.)

• 오늘 연습을 하며 새롭게 알게 된 것이 있다면?

• 팀 훈련 이외에 나의 발전을 위해 혼자 한 연습은 무엇인가요?

• 버려야 할 오래된 습관은 무엇인가요? 버리지 못하는 이유는요?

지난밤 수면 시간은? _____ 시간

훈련 일기

작성일 :　　　　년　　　월　　　일

- 무엇에 초점을 맞추어 훈련을 했나요?
  (훈련의 목적이 구체적일 때 나의 몸과 마음도 따라 움직입니다.)

- 오늘 연습을 하며 새롭게 알게 된 것이 있다면?

- 팀 훈련 이외에 나의 발전을 위해 혼자 한 연습은 무엇인가요?

- 최근에 감독, 코치님으로부터 들은 말 중에 가장 기억에 남는 말은 무엇인가요?

지난 밤 수면 시간은? _____ 시간

훈련 일기

작성일 :　　　　　 년　　　월　　　일

• 무엇에 초점을 맞추어 훈련을 했나요?
  (훈련의 목적이 구체적일 때 나의 몸과 마음도 따라 움직입니다.)

• 오늘 연습을 하며 새롭게 알게 된 것이 있다면?

• 팀 훈련 이외에 나의 발전을 위해 혼자 한 연습은 무엇인가요?

• 가장 최근에 읽은 책은 무엇인가요? 그 책의 내용 중에 무엇이 떠오르나요?

지난 밤 수면 시간은? _____ 시간

훈련 일기

작성일 :　　　　년　　　월　　　일

- 무엇에 초점을 맞추어 훈련을 했나요?
  (훈련의 목적이 구체적일 때 나의 몸과 마음도 따라 움직입니다.)

- 오늘 연습을 하며 새롭게 알게 된 것이 있다면?

- 팀 훈련 이외에 나의 발전을 위해 혼자 한 연습은 무엇인가요?

- 야구를 하며 가장 기쁠 때는 언제였나요?

지난 밤 수면 시간은? ＿＿＿＿＿ 시간

훈련 일기

작성일 :　　　　년　　월　　일

- 무엇에 초점을 맞추어 훈련을 했나요?
  (훈련의 목적이 구체적일 때 나의 몸과 마음도 따라 움직입니다.)

- 오늘 연습을 하며 새롭게 알게 된 것이 있다면?

- 팀 훈련 이외에 나의 발전을 위해 혼자 한 연습은 무엇인가요?

- 더 나은 선수가 되기 위해 새롭게 시작해야 할 것이 있다면 무엇일까요?

지난 밤 수면 시간은? ＿＿＿＿＿＿ 시간

훈련 일기

작성일 :　　　　년　　　월　　　일

• 무엇에 초점을 맞추어 훈련을 했나요?
  (훈련의 목적이 구체적일 때 나의 몸과 마음도 따라 움직입니다.)

• 오늘 연습을 하며 새롭게 알게 된 것이 있다면?

• 팀 훈련 이외에 나의 발전을 위해 혼자 한 연습은 무엇인가요?

• 최근에 운동을 하며 '아하!' 하는 깨달음을 준 순간이 있었나요? 있었다면 무엇을 깨달았는지 구체적으로 적어봅니다.

지난 밤 수면 시간은? _____ 시간

훈련 일기

작성일 :　　　　년　　월　　일

• 무엇에 초점을 맞추어 훈련을 했나요?
  (훈련의 목적이 구체적일 때 나의 몸과 마음도 따라 움직입니다.)

• 오늘 연습을 하며 새롭게 알게 된 것이 있다면?	• 팀 훈련 이외에 나의 발전을 위해 혼자 한 연습은 무엇인가요?

• 오늘 축하를 해줄 사람이 있나요? (반드시 한 명!!)

지난 밤 수면 시간은? _____ 시간

훈련 일기

작성일 :　　　　년　　　월　　　일

• 무엇에 초점을 맞추어 훈련을 했나요?
  (훈련의 목적이 구체적일 때 나의 몸과 마음도 따라 움직입니다.)

• 오늘 연습을 하며 새롭게 알게 된 것이 있다면?

• 팀 훈련 이외에 나의 발전을 위해 혼자 한 연습은 무엇인가요?

• 요즘 야구를 하며 가장 재밌는 것은 무엇인가요?

지난 밤 수면 시간은? _____ 시간

훈련 일기

작성일 :   년   월   일

• 무엇에 초점을 맞추어 훈련을 했나요?
  (훈련의 목적이 구체적일 때 나의 몸과 마음도 따라 움직입니다.)

• 오늘 연습을 하며 새롭게 알게 된 것이 있다면?

• 팀 훈련 이외에 나의 발전을 위해 혼자 한 연습은 무엇인가요?

• 나에게 힘을 불어넣어주는 사람이 있나요? 그 사람이 나에게 힘이 되는 이유는 무엇일까요?

훈련 일기

작성일 :　　　년　　월　　일

- 무엇에 초점을 맞추어 훈련을 했나요?
  (훈련의 목적이 구체적일 때 나의 몸과 마음도 따라 움직입니다.)

- 오늘 연습을 하며 새롭게 알게 된 것이 있다면?

- 팀 훈련 이외에 나의 발전을 위해 혼자 한 연습은 무엇인가요?

- 최근에 나빠진 것이 있다면 그 이유는 무엇때문인가요?

🌙 지난 밤 수면 시간은? _____ 시간

훈련 일기

작성일 :　　　　년　　월　　일

• 무엇에 초점을 맞추어 훈련을 했나요?
　(훈련의 목적이 구체적일 때 나의 몸과 마음도 따라 움직입니다.)

• 오늘 연습을 하며 새롭게 알게 된 것이 있다면?

• 팀 훈련 이외에 나의 발전을 위해 혼자 한 연습은 무엇인가요?

• 스스로가 자랑스러울 때는 언제인가요?

지난 밤 수면 시간은? _____ 시간

훈련 일기

작성일 :　　　　년　　　월　　　일

- 무엇에 초점을 맞추어 훈련을 했나요?
  (훈련의 목적이 구체적일 때 나의 몸과 마음도 따라 움직입니다.)

- 오늘 연습을 하며 새롭게 알게 된 것이 있다면?

- 팀 훈련 이외에 나의 발전을 위해 혼자 한 연습은 무엇인가요?

- 내가 좋아하는 선수는 누구인가요? 그 선수의 어떤 면이 끌리나요?

🌙 지난 밤 수면 시간은? _____ 시간

훈련 일기

• 무엇에 초점을 맞추어 훈련을 했나요?
　(훈련의 목적이 구체적일 때 나의 몸과 마음도 따라 움직입니다.)

• 오늘 연습을 하며 새롭게 알게 된 것이 있다면?

• 팀 훈련 이외에 나의 발전을 위해 혼자 한 연습은 무엇인가요?

• 야구를 보다 즐기기 위해서는 무엇이 필요하다고 생각하나요?

지난 밤 수면 시간은? ＿＿＿＿＿ 시간

훈련 일기

작성일 :　　　　년　　　월　　　일

• 무엇에 초점을 맞추어 훈련을 했나요?
  (훈련의 목적이 구체적일 때 나의 몸과 마음도 따라 움직입니다.)

• 오늘 연습을 하며 새롭게 알게 된 것이 있다면?

• 팀 훈련 이외에 나의 발전을 위해 혼자 한 연습은 무엇인가요?

• 야구 선수로서 나의 강점은 무엇인가요? 그 강점을 계속 살려나가기 위해 무엇을 하고 있나요?

지난 밤 수면 시간은? _____ 시간

훈련 일기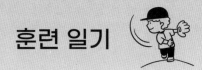

작성일 :　　　　년　　　월　　　일

- 무엇에 초점을 맞추어 훈련을 했나요?
  (훈련의 목적이 구체적일 때 나의 몸과 마음도 따라 움직입니다.)

- 오늘 연습을 하며 새롭게 알게 된 것이 있다면?

- 팀 훈련 이외에 나의 발전을 위해 혼자 한 연습은 무엇인가요?

- 광고 모델이 된다면 어떤 광고에 나가고 싶나요?

지난 밤 수면 시간은? _____ 시간

훈련 일기

작성일 :　　　　년　　월　　일

• 무엇에 초점을 맞추어 훈련을 했나요?
  (훈련의 목적이 구체적일 때 나의 몸과 마음도 따라 움직입니다.)

• 오늘 연습을 하며 새롭게 알게 된 것이 있다면?

• 팀 훈련 이외에 나의 발전을 위해 혼자 한 연습은 무엇인가요?

• 최근에 동료, 선후배로부터 들은 말 중에 가장 기억에 남는 말은 무엇인가요?

지난밤 수면 시간은? _____ 시간

훈련 일기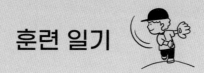

작성일 :　　　　년　　월　　일

- 무엇에 초점을 맞추어 훈련을 했나요?
  (훈련의 목적이 구체적일 때 나의 몸과 마음도 따라 움직입니다.)

- 오늘 연습을 하며 새롭게 알게 된 것이 있다면?

- 팀 훈련 이외에 나의 발전을 위해 혼자 한 연습은 무엇인가요?

- 최근에 무엇을 보고 아름다움을 느꼈나요?

지난 밤 수면 시간은? ＿＿＿＿＿ 시간

훈련 일기

작성일 : 　　　 년 　　　 월 　　　 일

• 무엇에 초점을 맞추어 훈련을 했나요?
  (훈련의 목적이 구체적일 때 나의 몸과 마음도 따라 움직입니다.)

• 오늘 연습을 하며 새롭게 알게 된 것이 있다면?

• 팀 훈련 이외에 나의 발전을 위해 혼자 한 연습은 무엇인가요?

• 최근에 본 야구 기사 중에 가장 기억에 남는 것은 무엇인가요? 왜 그 기사가 떠올랐나요?

지난 밤 수면 시간은? _____ 시간

훈련 일기

작성일 :   년   월   일

- 무엇에 초점을 맞추어 훈련을 했나요?
  (훈련의 목적이 구체적일 때 나의 몸과 마음도 따라 움직입니다.)

- 오늘 연습을 하며 새롭게 알게 된 것이 있다면?

- 팀 훈련 이외에 나의 발전을 위해 혼자 한 연습은 무엇인가요?

- 하루에 스마트폰을 사용하는 시간은 어느 정도인가요? 적당하다고 생각하나요? 만약 아니라면 사용 시간을 줄일 수 있는 방법은 무엇이 있을까요?

지난밤 수면 시간은? _____ 시간

훈련 일기

작성일 :   년   월   일

• 무엇에 초점을 맞추어 훈련을 했나요?
  (훈련의 목적이 구체적일 때 나의 몸과 마음도 따라 움직입니다.)

• 오늘 연습을 하며 새롭게 알게 된 것이 있다면?

• 팀 훈련 이외에 나의 발전을 위해 혼자 한 연습은 무엇인가요?

• 나 스스로에게 불만이 있다면 무엇 때문인가요?

지난 밤 수면 시간은? _____ 시간

훈련 일기

작성일 :　　　　년　　　월　　　일

• 무엇에 초점을 맞추어 훈련을 했나요?
(훈련의 목적이 구체적일 때 나의 몸과 마음도 따라 움직입니다.)

• 오늘 연습을 하며 새롭게 알게 된 것이 있다면?

• 팀 훈련 이외에 나의 발전을 위해 혼자 한 연습은 무엇인가요?

• 친구, 선후배 중에 배우고 싶은 사람이 있나요? 그 선수의 무엇을 배우고 싶나요?

지난 밤 수면 시간은? _____ 시간

훈련 일기

작성일 :   년   월   일

• 무엇에 초점을 맞추어 훈련을 했나요?
 (훈련의 목적이 구체적일 때 나의 몸과 마음도 따라 움직입니다.)

• 오늘 연습을 하며 새롭게 알게 된 것이 있다면?

• 팀 훈련 이외에 나의 발전을 위해 혼자 한 연습은 무엇인가요?

• 이름이 널리 알려진 야구 선수가 되었다면 그 영향력을 이용해 사회를 위해 무엇을 하고 싶나요?

지난 밤 수면 시간은? _____ 시간

훈련 일기

• 무엇에 초점을 맞추어 훈련을 했나요?
  (훈련의 목적이 구체적일 때 나의 몸과 마음도 따라 움직입니다.)

• 오늘 연습을 하며 새롭게 알게 된 것이 있다면?

• 팀 훈련 이외에 나의 발전을 위해 혼자 한 연습은 무엇인가요?

• 나의 목표를 달성하는데 가장 큰 장애물은 무엇인가요? 그 장애물을 없애려면 무엇을 해야 할까요?

🌙 지난 밤 수면 시간은? _____ 시간

훈련 일기

작성일 :   년   월   일

• 무엇에 초점을 맞추어 훈련을 했나요?
  (훈련의 목적이 구체적일 때 나의 몸과 마음도 따라 움직입니다.)

• 오늘 연습을 하며 새롭게 알게 된 것이 있다면?

• 팀 훈련 이외에 나의 발전을 위해 혼자 한 연습은 무엇인가요?

• 도움을 주고 싶은 팀동료가 있나요? 어떤 도움을 주고 싶나요? 구체적으로 적어봅니다.

🌙 지난 밤 수면 시간은? _____ 시간

훈련 일기

작성일 :   년   월   일

• 무엇에 초점을 맞추어 훈련을 했나요?
  (훈련의 목적이 구체적일 때 나의 몸과 마음도 따라 움직입니다.)

• 오늘 연습을 하며 새롭게 알게 된 것이 있다면?

• 팀 훈련 이외에 나의 발전을 위해 혼자 한 연습은 무엇인가요?

• 좋아하는 음식 중에 섭취를 줄이거나 끊어야 할 음식은 무엇인가요?

지난 밤 수면 시간은? _____ 시간

훈련 일기

작성일 :　　　년　　월　　일

• 무엇에 초점을 맞추어 훈련을 했나요?
  (훈련의 목적이 구체적일 때 나의 몸과 마음도 따라 움직입니다.)

• 오늘 연습을 하며 새롭게 알게 된 것이 있다면?

• 팀 훈련 이외에 나의 발전을 위해 혼자 한 연습은 무엇인가요?

• 지금 나에게 가장 필요한 것은 무엇인가요?

지난 밤 수면 시간은? _____ 시간

훈련 일기

작성일 :　　　　　　년　　월　　일

• 무엇에 초점을 맞추어 훈련을 했나요?
  (훈련의 목적이 구체적일 때 나의 몸과 마음도 따라 움직입니다.)

• 오늘 연습을 하며 새롭게 알게 된 것이 있다면?

• 팀 훈련 이외에 나의 발전을 위해 혼자 한 연습은 무엇인가요?

• 나에 대해서 딱 한가지를 영원히 바꿀 수 있다면 무엇을 바꾸고 싶습니까?

지난 밤 수면 시간은? _____ 시간

훈련 일기

작성일 :　　　　년　　월　　일

- 무엇에 초점을 맞추어 훈련을 했나요?
  (훈련의 목적이 구체적일 때 나의 몸과 마음도 따라 움직입니다.)

- 오늘 연습을 하며 새롭게 알게 된 것이 있다면?

- 팀 훈련 이외에 나의 발전을 위해 혼자 한 연습은 무엇인가요?

- 올해의 마지막 날에 하고 싶은 일은 무엇인가요?

지난 밤 수면 시간은? _____ 시간

훈련 일기

작성일 :　　　　　년　　월　　일

• 무엇에 초점을 맞추어 훈련을 했나요?
　(훈련의 목적이 구체적일 때 나의 몸과 마음도 따라 움직입니다.)

• 오늘 연습을 하며 새롭게 알게 된 것이 있다면?

• 팀 훈련 이외에 나의 발전을 위해 혼자 한 연습은 무엇인가요?

• 10년 후 나는 어떤 모습일까요?

지난 밤 수면 시간은? ＿＿＿＿＿＿ 시간

 **훈련 일기**

작성일 :　　　　년　　월　　일

- 무엇에 초점을 맞추어 훈련을 했나요?
  (훈련의 목적이 구체적일 때 나의 몸과 마음도 따라 움직입니다.)

- 오늘 연습을 하며 새롭게 알게 된 것이 있다면?

- 팀 훈련 이외에 나의 발전을 위해 혼자 한 연습은 무엇인가요?

- 연습이나 경기를 하다가 두려움을 느끼는 순간이 있나요? 언제인가요?

지난 밤 수면 시간은? _____ 시간

훈련 일기

작성일 :   년   월   일

• 무엇에 초점을 맞추어 훈련을 했나요?
  (훈련의 목적이 구체적일 때 나의 몸과 마음도 따라 움직입니다.)

• 오늘 연습을 하며 새롭게 알게 된 것이 있다면?	• 팀 훈련 이외에 나의 발전을 위해 혼자 한 연습은 무엇인가요?

• 나에 대해서 딱 한 가지를 영원히 가져갈 수 있다면 무엇을 선택하겠습니까?

지난 밤 수면 시간은? _____ 시간

훈련 일기

작성일 :　　　년　　월　　일

- 무엇에 초점을 맞추어 훈련을 했나요?
  (훈련의 목적이 구체적일 때 나의 몸과 마음도 따라 움직입니다.)

- 오늘 연습을 하며 새롭게 알게 된 것이 있다면?

- 팀 훈련 이외에 나의 발전을 위해 혼자 한 연습은 무엇인가요?

- 경기가 어렵게 흘러가고 있을 때 덕아웃에서 내가 할 수 있는 말이나 행동은 무엇이 있을까요?

지난 밤 수면 시간은? _____ 시간

훈련 일기

작성일 :　　　　년　　월　　일

• 무엇에 초점을 맞추어 훈련을 했나요?
  (훈련의 목적이 구체적일 때 나의 몸과 마음도 따라 움직입니다.)

• 오늘 연습을 하며 새롭게 알게 된 것이 있다면?

• 팀 훈련 이외에 나의 발전을 위해 혼자 한 연습은 무엇인가요?

• 어려움을 겪고 있는 팀동료를 떠올려 보세요. 그를 위해 내가 해줄 수 있는 말이나 행동은 무엇이 있을까요?

지난 밤 수면 시간은? _____ 시간

훈련 일기

작성일 :　　　　년　　　월　　　일

• 무엇에 초점을 맞추어 훈련을 했나요?
 (훈련의 목적이 구체적일 때 나의 몸과 마음도 따라 움직입니다.)

• 오늘 연습을 하며 새롭게 알게 된 것이 있다면?

• 팀 훈련 이외에 나의 발전을 위해 혼자 한 연습은 무엇인가요?

• 프로야구 선수가 된다면 어떤 노래를 등장 음악으로 사용하고 싶나요?

지난 밤 수면 시간은? ＿＿＿＿＿＿ 시간

훈련 일기

• 무엇에 초점을 맞추어 훈련을 했나요?
  (훈련의 목적이 구체적일 때 나의 몸과 마음도 따라 움직입니다.)

• 오늘 연습을 하며 새롭게 알게 된 것이 있다면?

• 팀 훈련 이외에 나의 발전을 위해 혼자 한 연습은 무엇인가요?

• 요즘 가장 고마운 사람은 누구입니까? 그 이유도 적어볼까요?

지난밤 수면 시간은? ＿＿＿＿＿ 시간

훈련 일기

작성일 :　　　　년　　　월　　　일

• 무엇에 초점을 맞추어 훈련을 했나요?
  (훈련의 목적이 구체적일 때 나의 몸과 마음도 따라 움직입니다.)

• 오늘 연습을 하며 새롭게 알게 된 것이 있다면?

• 팀 훈련 이외에 나의 발전을 위해 혼자 한 연습은 무엇인가요?

• 긴장되는 상황에서 내가 하는 루틴은 무엇인가요? 그 루틴을 실천하면 어떤 변화가 있나요?

지난 밤 수면 시간은? ＿＿＿＿＿ 시간

훈련 일기

작성일 :　　　　년　　　월　　　일

- 무엇에 초점을 맞추어 훈련을 했나요?
  (훈련의 목적이 구체적일 때 나의 몸과 마음도 따라 움직입니다.)

- 오늘 연습을 하며 새롭게 알게 된 것이 있다면?

- 팀 훈련 이외에 나의 발전을 위해 혼자 한 연습은 무엇인가요?

- 야구를 하는 이유가 무엇인가요?

🌙 지난 밤 수면 시간은? ＿＿＿＿＿ 시간

훈련 일기

작성일 :　　　　년　　　월　　　일

- 무엇에 초점을 맞추어 훈련을 했나요?
  (훈련의 목적이 구체적일 때 나의 몸과 마음도 따라 움직입니다.)

- 오늘 연습을 하며 새롭게 알게 된 것이 있다면?

- 팀 훈련 이외에 나의 발전을 위해 혼자 한 연습은 무엇인가요?

- 20년 후에 나는 어디서 무엇을 하고 있을까요?

지난 밤 수면 시간은? _____ 시간

훈련 일기

작성일 :　　　　　년　　　월　　　일

- 무엇에 초점을 맞추어 훈련을 했나요?
  (훈련의 목적이 구체적일 때 나의 몸과 마음도 따라 움직입니다.)

- 오늘 연습을 하며 새롭게 알게 된 것이 있다면?

- 팀 훈련 이외에 나의 발전을 위해 혼자 한 연습은 무엇인가요?

- 더 나은 선수가 되기 위해 지금 당장 그만두어야 하는 것은 무엇인가요?

지난 밤 수면 시간은? _____ 시간

 훈련 일기

작성일 :　　　　　년　　　월　　　일

- 무엇에 초점을 맞추어 훈련을 했나요?
  (훈련의 목적이 구체적일 때 나의 몸과 마음도 따라 움직입니다.)

- 오늘 연습을 하며 새롭게 알게 된 것이 있다면?

- 팀 훈련 이외에 나의 발전을 위해 혼자 한 연습은 무엇인가요?

- 최근에 친구나 선후배로부터 배운 것이 있다면 적어보세요.

지난 밤 수면 시간은? _____ 시간

훈련 일기

작성일 :   년   월   일

- 무엇에 초점을 맞추어 훈련을 했나요?
  (훈련의 목적이 구체적일 때 나의 몸과 마음도 따라 움직입니다.)

- 오늘 연습을 하며 새롭게 알게 된 것이 있다면?

- 팀 훈련 이외에 나의 발전을 위해 혼자 한 연습은 무엇인가요?

- 오늘의 자기 자신을 칭찬한다면? 구체적으로 적어봅니다.

지난 밤 수면 시간은? _____ 시간

훈련 일기

작성일 :   년   월   일

• 무엇에 초점을 맞추어 훈련을 했나요?
  (훈련의 목적이 구체적일 때 나의 몸과 마음도 따라 움직입니다.)

• 오늘 연습을 하며 새롭게 알게 된 것이 있다면?

• 팀 훈련 이외에 나의 발전을 위해 혼자 한 연습은 무엇인가요?

• 최근에 좋아진 것이 있다면 그 이유는 무엇때문인가요?

지난 밤 수면 시간은? _____ 시간

훈련 일기

작성일 :   년   월   일

• 무엇에 초점을 맞추어 훈련을 했나요?
 (훈련의 목적이 구체적일 때 나의 몸과 마음도 따라 움직입니다.)

• 오늘 연습을 하며 새롭게 알게 된 것이 있다면?	• 팀 훈련 이외에 나의 발전을 위해 혼자 한 연습은 무엇인가요?

• 연습이나 경기 중에 심호흡을 자주 하는 편인가요? 아니라면 왜 그런지 이유를 생각해 봅니다.

훈련 일기

작성일 :　　　　년　　　월　　　일

• 무엇에 초점을 맞추어 훈련을 했나요?
 (훈련의 목적이 구체적일 때 나의 몸과 마음도 따라 움직입니다.)

• 오늘 연습을 하며 새롭게 알게 된 것이 있다면?

• 팀 훈련 이외에 나의 발전을 위해 혼자 한 연습은 무엇인가요?

• 내가 요즘 탓하고 있는 사람이 있나요? 그 사람 탓을 하고 나면 나의 기분은 어떤가요?

지난 밤 수면 시간은? _____ 시간

훈련 일기

작성일 :　　　　　년　　월　　일

• 무엇에 초점을 맞추어 훈련을 했나요?
  (훈련의 목적이 구체적일 때 나의 몸과 마음도 따라 움직입니다.)

• 오늘 연습을 하며 새롭게 알게 된 것이 있다면?

• 팀 훈련 이외에 나의 발전을 위해 혼자 한 연습은 무엇인가요?

• 야구를 하며 내가 절대로 할 수 없다고 단정지은 것이 있나요? 왜 그런가요?

지난 밤 수면 시간은? _____ 시간

훈련 일기

작성일 :　　　　년　　　월　　　일

• 무엇에 초점을 맞추어 훈련을 했나요?
(훈련의 목적이 구체적일 때 나의 몸과 마음도 따라 움직입니다.)

• 오늘 연습을 하며 새롭게 알게 된 것이 있다면?

• 팀 훈련 이외에 나의 발전을 위해 혼자 한 연습은 무엇인가요?

• 버려야 할 오래된 습관은 무엇인가요? 버리지 못하는 이유는요?

🌙 지난 밤 수면 시간은? _____ 시간

훈련 일기

작성일 :　　　　년　　월　　일

• 무엇에 초점을 맞추어 훈련을 했나요?
  (훈련의 목적이 구체적일 때 나의 몸과 마음도 따라 움직입니다.)

• 오늘 연습을 하며 새롭게 알게 된 것이 있다면?

• 팀 훈련 이외에 나의 발전을 위해 혼자 한 연습은 무엇인가요?

• 최근에 감독, 코치님으로부터 들은 말 중에 가장 기억에 남는 말은 무엇인가요?

지난 밤 수면 시간은? _____ 시간

훈련 일기

작성일 :　　　　년　　　월　　　일

- 무엇에 초점을 맞추어 훈련을 했나요?
  (훈련의 목적이 구체적일 때 나의 몸과 마음도 따라 움직입니다.)

- 오늘 연습을 하며 새롭게 알게 된 것이 있다면?

- 팀 훈련 이외에 나의 발전을 위해 혼자 한 연습은 무엇인가요?

- 가장 최근에 읽은 책은 무엇인가요? 그 책의 내용 중에 무엇이 떠오르나요?

지난 밤 수면 시간은? _____ 시간

훈련 일기

• 무엇에 초점을 맞추어 훈련을 했나요?
  (훈련의 목적이 구체적일 때 나의 몸과 마음도 따라 움직입니다.)

• 오늘 연습을 하며 새롭게 알게 된 것이 있다면?

• 팀 훈련 이외에 나의 발전을 위해 혼자 한 연습은 무엇인가요?

• 야구를 하며 가장 기쁠 때는 언제였나요?

지난 밤 수면 시간은? _____ 시간

훈련 일기

작성일 :   년   월   일

- 무엇에 초점을 맞추어 훈련을 했나요?
  (훈련의 목적이 구체적일 때 나의 몸과 마음도 따라 움직입니다.)

- 오늘 연습을 하며 새롭게 알게 된 것이 있다면?

- 팀 훈련 이외에 나의 발전을 위해 혼자 한 연습은 무엇인가요?

- 더 나은 선수가 되기 위해 새롭게 시작해야 할 것이 있다면 무엇일까요?

지난 밤 수면 시간은? _____ 시간

훈련 일기

- 무엇에 초점을 맞추어 훈련을 했나요?
  (훈련의 목적이 구체적일 때 나의 몸과 마음도 따라 움직입니다.)

- 오늘 연습을 하며 새롭게 알게 된 것이 있다면?

- 팀 훈련 이외에 나의 발전을 위해 혼자 한 연습은 무엇인가요?

- 최근에 운동을 하며 '아하!' 하는 깨달음을 준 순간이 있었나요? 있었다면 무엇을 깨달았는지 구체적으로 적어봅니다.

지난 밤 수면 시간은? _____ 시간

훈련 일기

작성일 :   년   월   일

• 무엇에 초점을 맞추어 훈련을 했나요?
  (훈련의 목적이 구체적일 때 나의 몸과 마음도 따라 움직입니다.)

• 오늘 연습을 하며 새롭게 알게 된 것이 있다면?

• 팀 훈련 이외에 나의 발전을 위해 혼자 한 연습은 무엇인가요?

• 오늘 축하를 해줄 사람이 있나요? (반드시 한 명!!)

지난밤 수면 시간은? _____ 시간

훈련 일기

- 무엇에 초점을 맞추어 훈련을 했나요?
  (훈련의 목적이 구체적일 때 나의 몸과 마음도 따라 움직입니다.)

- 오늘 연습을 하며 새롭게 알게 된 것이 있다면?

- 팀 훈련 이외에 나의 발전을 위해 혼자 한 연습은 무엇인가요?

- 요즘 야구를 하며 가장 재밌는 것은 무엇인가요?

지난 밤 수면 시간은? _____ 시간

훈련 일기

작성일 :　　　년　　월　　일

• 무엇에 초점을 맞추어 훈련을 했나요?
  (훈련의 목적이 구체적일 때 나의 몸과 마음도 따라 움직입니다.)

• 오늘 연습을 하며 새롭게 알게 된 것이 있다면?

• 팀 훈련 이외에 나의 발전을 위해 혼자 한 연습은 무엇인가요?

• 나에게 힘을 불어넣어주는 사람이 있나요? 그 사람이 나에게 힘이 되는 이유는 무엇일까요?

🌙 지난 밤 수면 시간은? _____ 시간

훈련 일기

작성일 :   년   월   일

• 무엇에 초점을 맞추어 훈련을 했나요?
  (훈련의 목적이 구체적일 때 나의 몸과 마음도 따라 움직입니다.)

• 오늘 연습을 하며 새롭게 알게 된 것이 있다면?

• 팀 훈련 이외에 나의 발전을 위해 혼자 한 연습은 무엇인가요?

• 최근에 나빠진 것이 있다면 그 이유는 무엇때문인가요?

훈련 일기

작성일 :   년   월   일

- 무엇에 초점을 맞추어 훈련을 했나요?
  (훈련의 목적이 구체적일 때 나의 몸과 마음도 따라 움직입니다.)

- 오늘 연습을 하며 새롭게 알게 된 것이 있다면?

- 팀 훈련 이외에 나의 발전을 위해 혼자 한 연습은 무엇인가요?

- 스스로가 자랑스러울 때는 언제인가요?

🌙 지난 밤 수면 시간은? _____ 시간

훈련 일기

작성일 :　　　　년　　월　　일

• 무엇에 초점을 맞추어 훈련을 했나요?
  (훈련의 목적이 구체적일 때 나의 몸과 마음도 따라 움직입니다.)

• 오늘 연습을 하며 새롭게 알게 된 것이 있다면?

• 팀 훈련 이외에 나의 발전을 위해 혼자 한 연습은 무엇인가요?

• 내가 좋아하는 선수는 누구인가요? 그 선수의 어떤 면이 끌리나요?

지난 밤 수면 시간은? _____ 시간

훈련 일기

작성일 :   년   월   일

- 무엇에 초점을 맞추어 훈련을 했나요?
  (훈련의 목적이 구체적일 때 나의 몸과 마음도 따라 움직입니다.)

- 오늘 연습을 하며 새롭게 알게 된 것이 있다면?

- 팀 훈련 이외에 나의 발전을 위해 혼자 한 연습은 무엇인가요?

- 야구를 보다 즐기기 위해서는 무엇이 필요하다고 생각하나요?

지난 밤 수면 시간은? _____ 시간

훈련 일기

작성일 :　　　　년　　　월　　　일

• 무엇에 초점을 맞추어 훈련을 했나요?
 (훈련의 목적이 구체적일 때 나의 몸과 마음도 따라 움직입니다.)

• 오늘 연습을 하며 새롭게 알게 된 것이 있다면?

• 팀 훈련 이외에 나의 발전을 위해 혼자 한 연습은 무엇인가요?

• 야구 선수로서 나의 강점은 무엇인가요? 그 강점을 계속 살려나가기 위해 무엇을 하고 있나요?

지난 밤 수면 시간은? _____ 시간

훈련 일기

작성일 :   년   월   일

• 무엇에 초점을 맞추어 훈련을 했나요?
  (훈련의 목적이 구체적일 때 나의 몸과 마음도 따라 움직입니다.)

• 오늘 연습을 하며 새롭게 알게 된 것이 있다면?

• 팀 훈련 이외에 나의 발전을 위해 혼자 한 연습은 무엇인가요?

• 광고 모델이 된다면 어떤 광고에 나가고 싶나요?

지난 밤 수면 시간은? _____ 시간

훈련 일기

작성일 :   년   월   일

• 무엇에 초점을 맞추어 훈련을 했나요?
  (훈련의 목적이 구체적일 때 나의 몸과 마음도 따라 움직입니다.)

• 오늘 연습을 하며 새롭게 알게 된 것이 있다면?

• 팀 훈련 이외에 나의 발전을 위해 혼자 한 연습은 무엇인가요?

• 최근에 동료, 선후배로부터 들은 말 중에 가장 기억에 남는 말은 무엇인가요?

지난 밤 수면 시간은? _____ 시간

훈련 일기

작성일 :   년   월   일

• 무엇에 초점을 맞추어 훈련을 했나요?
  (훈련의 목적이 구체적일 때 나의 몸과 마음도 따라 움직입니다.)

• 오늘 연습을 하며 새롭게 알게 된 것이 있다면?

• 팀 훈련 이외에 나의 발전을 위해 혼자 한 연습은 무엇인가요?

• 최근에 무엇을 보고 아름다움을 느꼈나요?

지난 밤 수면 시간은? _____ 시간

훈련 일기

작성일 :　　　　년　　월　　일

• 무엇에 초점을 맞추어 훈련을 했나요?
　(훈련의 목적이 구체적일 때 나의 몸과 마음도 따라 움직입니다.)

• 오늘 연습을 하며 새롭게 알게 된 것이 있다면?	• 팀 훈련 이외에 나의 발전을 위해 혼자 한 연습은 무엇인가요?

• 최근에 본 야구 기사 중에 가장 기억에 남는 것은 무엇인가요? 왜 그 기사가 떠올랐나요?

지난 밤 수면 시간은? _____ 시간

훈련 일기

작성일 :   년   월   일

• 무엇에 초점을 맞추어 훈련을 했나요?
 (훈련의 목적이 구체적일 때 나의 몸과 마음도 따라 움직입니다.)

• 오늘 연습을 하며 새롭게 알게 된 것이 있다면?

• 팀 훈련 이외에 나의 발전을 위해 혼자 한 연습은 무엇인가요?

• 하루에 스마트폰을 사용하는 시간은 어느 정도인가요? 적당하다고 생각하나요? 만약 아니라면 사용 시간을 줄일 수 있는 방법은 무엇이 있을까요?

지난 밤 수면 시간은? _____ 시간

훈련 일기

작성일 :　　　　　년　　　월　　　일

• 무엇에 초점을 맞추어 훈련을 했나요?
  (훈련의 목적이 구체적일 때 나의 몸과 마음도 따라 움직입니다.)

• 오늘 연습을 하며 새롭게 알게 된 것이 있다면?

• 팀 훈련 이외에 나의 발전을 위해 혼자 한 연습은 무엇인가요?

• 나 스스로에게 불만이 있다면 무엇 때문인가요?

지난 밤 수면 시간은? ＿＿＿＿＿＿＿＿ 시간

훈련 일기

작성일 :　　　　년　　　월　　　일

• 무엇에 초점을 맞추어 훈련을 했나요?
 (훈련의 목적이 구체적일 때 나의 몸과 마음도 따라 움직입니다.)

• 오늘 연습을 하며 새롭게 알게 된 것이 있다면?

• 팀 훈련 이외에 나의 발전을 위해 혼자 한 연습은 무엇인가요?

• 친구, 선후배 중에 배우고 싶은 사람이 있나요? 그 선수의 무엇을 배우고 싶나요?

지난 밤 수면 시간은? _____ 시간

훈련 일기

작성일 :   년   월   일

• 무엇에 초점을 맞추어 훈련을 했나요?
  (훈련의 목적이 구체적일 때 나의 몸과 마음도 따라 움직입니다.)

• 오늘 연습을 하며 새롭게 알게 된 것이 있다면?

• 팀 훈련 이외에 나의 발전을 위해 혼자 한 연습은 무엇인가요?

• 이름이 널리 알려진 야구 선수가 되었다면 그 영향력을 이용해 사회를 위해 무엇을 하고 싶나요?

🌙 지난 밤 수면 시간은? _____ 시간

훈련 일기

작성일 :   년   월   일

- 무엇에 초점을 맞추어 훈련을 했나요?
  (훈련의 목적이 구체적일 때 나의 몸과 마음도 따라 움직입니다.)

- 오늘 연습을 하며 새롭게 알게 된 것이 있다면?

- 팀 훈련 이외에 나의 발전을 위해 혼자 한 연습은 무엇인가요?

- 나의 목표를 달성하는데 가장 큰 장애물은 무엇인가요? 그 장애물을 없애려면 무엇을 해야 할까요?

지난 밤 수면 시간은? _____ 시간

훈련 일기

• 무엇에 초점을 맞추어 훈련을 했나요?
(훈련의 목적이 구체적일 때 나의 몸과 마음도 따라 움직입니다.)

• 오늘 연습을 하며 새롭게 알게 된 것이 있다면?

• 팀 훈련 이외에 나의 발전을 위해 혼자 한 연습은 무엇인가요?

• 도움을 주고 싶은 팀동료가 있나요? 어떤 도움을 주고 싶나요? 구체적으로 적어봅니다.

훈련 일기

작성일 :　　　　년　　　월　　　일

- 무엇에 초점을 맞추어 훈련을 했나요?
  (훈련의 목적이 구체적일 때 나의 몸과 마음도 따라 움직입니다.)

- 오늘 연습을 하며 새롭게 알게 된 것이 있다면?

- 팀 훈련 이외에 나의 발전을 위해 혼자 한 연습은 무엇인가요?

- 좋아하는 음식 중에 섭취를 줄이거나 끊어야 할 음식은 무엇인가요?

지난 밤 수면 시간은? _____ 시간

훈련 일기

작성일 :　　　　　년　　　월　　　일

- 무엇에 초점을 맞추어 훈련을 했나요?
  (훈련의 목적이 구체적일 때 나의 몸과 마음도 따라 움직입니다.)

- 오늘 연습을 하며 새롭게 알게 된 것이 있다면?

- 팀 훈련 이외에 나의 발전을 위해 혼자 한 연습은 무엇인가요?

- 지금 나에게 가장 필요한 것은 무엇인가요?

지난 밤 수면 시간은? _____ 시간

훈련 일기

작성일 :   년   월   일

- 무엇에 초점을 맞추어 훈련을 했나요?
  (훈련의 목적이 구체적일 때 나의 몸과 마음도 따라 움직입니다.)

- 오늘 연습을 하며 새롭게 알게 된 것이 있다면?

- 팀 훈련 이외에 나의 발전을 위해 혼자 한 연습은 무엇인가요?

- 나에 대해서 딱 한가지를 영원히 바꿀 수 있다면 무엇을 바꾸고 싶습니까?

지난 밤 수면 시간은? _____ 시간

훈련 일기

• 무엇에 초점을 맞추어 훈련을 했나요?
  (훈련의 목적이 구체적일 때 나의 몸과 마음도 따라 움직입니다.)

• 오늘 연습을 하며 새롭게 알게 된 것이 있다면?   • 팀 훈련 이외에 나의 발전을 위해 혼자
                                                          한 연습은 무엇인가요?

• 올해의 마지막 날에 하고 싶은 일은 무엇인가요?

지난 밤 수면 시간은? _____ 시간

훈련 일기

작성일 :　　　　년　　　월　　　일

- 무엇에 초점을 맞추어 훈련을 했나요?
  (훈련의 목적이 구체적일 때 나의 몸과 마음도 따라 움직입니다.)

- 오늘 연습을 하며 새롭게 알게 된 것이 있다면?

- 팀 훈련 이외에 나의 발전을 위해 혼자 한 연습은 무엇인가요?

- 10년 후 나는 어떤 모습일까요?

지난 밤 수면 시간은? _____ 시간

훈련 일기

작성일 :　　　　년　　월　　일

• 무엇에 초점을 맞추어 훈련을 했나요?
  (훈련의 목적이 구체적일 때 나의 몸과 마음도 따라 움직입니다.)

• 오늘 연습을 하며 새롭게 알게 된 것이 있다면?

• 팀 훈련 이외에 나의 발전을 위해 혼자 한 연습은 무엇인가요?

• 연습이나 경기를 하다가 두려움을 느끼는 순간이 있나요? 언제인가요?

지난 밤 수면 시간은? _____ 시간

훈련 일기

작성일 :　　　년　　　월　　　일

• 무엇에 초점을 맞추어 훈련을 했나요?
  (훈련의 목적이 구체적일 때 나의 몸과 마음도 따라 움직입니다.)

• 오늘 연습을 하며 새롭게 알게 된 것이 있다면?

• 팀 훈련 이외에 나의 발전을 위해 혼자 한 연습은 무엇인가요?

• 나에 대해서 딱 한 가지를 영원히 가져갈 수 있다면 무엇을 선택하겠습니까?

지난 밤 수면 시간은? ＿＿＿＿＿ 시간

훈련 일기

작성일 :　　　　년　　월　　일

• 무엇에 초점을 맞추어 훈련을 했나요?
  (훈련의 목적이 구체적일 때 나의 몸과 마음도 따라 움직입니다.)

• 오늘 연습을 하며 새롭게 알게 된 것이 있다면?

• 팀 훈련 이외에 나의 발전을 위해 혼자 한 연습은 무엇인가요?

• 경기가 어렵게 흘러가고 있을 때 덕아웃에서 내가 할 수 있는 말이나 행동은 무엇이 있을까요?

지난 밤 수면 시간은? _____ 시간

BASEBALL PLAY BOOK

이미지 트레이닝 일기 [작성방법]

많은 야구 선수들이 이미지 트레이닝 기법을
시합과 훈련에 활용하고 있습니다.

경기 중에 벌어지는 상황을 머릿속으로 먼저 그려보는 것입니다. 추신수 선수도 경기 중에 벌어지는 상황을 하나씩 떠올려 보는 습관이 있다고 합니다. 가끔은 자신이 상상한 바로 그 장면이 나오곤 해서 놀랄 때도 있다고 하더군요. 덕아웃에서 다음 타석을 미리 상상하며 준비하는 선수들도 많습니다.

이미지 트레이닝의 효과를 극대화하기 위해서는 경기 장면을 최대한 구체적으로 떠올려야 합니다. 타자라면 타석에서 땅을 고를 때의 느낌과 소리, 배트에 공이 맞을 때 손의 감촉, 관중석에서 나를 지켜보는 시선 등을 온 몸으로 실감나게 느껴야 합니다. 과학자들의 연구에 따르면 이렇게 머릿속으로 움직임을 상상할 때도 몸의 근육들이 미세하게 반응하여 실제 움직일 때와 같은 자극이 신경회로에 전해진다고 합니다.

어려운 기술이 아닙니다. 5~10분 정도의 짧은 시간과 상상력을 동원해 어떤 일이 일어날 지 미리 살펴보겠다는 의도만 있으면 됩니다.

| 작성예 |

• 상대하는 투수(타자)는?	00 중학교 투수 박00
• 어떤 상황인가요?	협회장기 결승! 2대3으로 지고 있는 7회말! 1아웃, 주자2,3루, 1-2카운트
• 결과는?	삼진을 잡으러 들어오는 박00의 낮게 떨어지는 커브를 받아쳐 역전 끝내기 안타!!

• 상대하는 투수(타자)는?	00 고등학교 타자 오00
• 어떤 상황인가요?	황금사자기 준결승! 1대0으로 이기고 있는 9회초! 2아웃 만루, 2-2카운트
• 결과는?	하이패스트볼을 던져 삼진 아웃

이미지 트레이닝 일기

- 상대하는 투수(타자)는?

- 어떤 상황인가요?

- 결과는?

- 상대하는 투수(타자)는?

- 어떤 상황인가요?

- 결과는?

이미지 트레이닝 일기

- 상대하는 투수(타자)는?

- 어떤 상황인가요?

- 결과는?

- 상대하는 투수(타자)는?

- 어떤 상황인가요?

- 결과는?

투수가 스스로에게 답해야 할 질문들

질문	좌타자	우타자
가장 자신있게 스트라이크를 던질 수 있는 구종은 무엇인가요?		
스트라이크존에 던지기 어려운 구종은 무엇인가요?		
어느 로케이션에 강점이 있나요? (위/아래, 몸쪽/바깥쪽)		
내가 가장 자신있게 던질 수 있는 공은 어느 로케이션으로 던지는 어떤 구종인가요?		
두 번째로 자신있는 공은 어느 로케이션으로 던지는 어떤 구종인가요?		
어떤 공을 던져야 할 지 확신이 없을 때 나의 선택은?		
초구 스트라이크를 잡기 위해 어떤 공을 던지나요?		
투스트라이크에서 삼진을 잡기 위해 어떤 공을 던지나요?		
2-0 3-1 불리한 카운트에서 스트라이크를 잡기 위해 어떤 공을 던지나요?		

투수와 포수의 경기 리뷰

작성일 :　　　　년　　월　　일

상대팀	투구이닝	투구수	스트라이크	볼

- 오늘 경기 최고의 피칭은 누구에게 던진 어떤 구종인가요? 그 장면을 떠올리며 그때의 기분을 다시 온 몸으로 생생하게 느껴보세요.

- 상대팀 타자들을 상대하기 위해 경기 전에 구체적으로 무엇을 분석하고 어떤 준비를 했나요?

- 가장 강하게 맞아나간 공은 무엇인가요? 왜 그랬을 지 타자의 입장에서 적어봅니다.

- 경기 중에 자주 일어난 생각이 있었나요? 그 생각이 경기를 방해하지 않도록 무엇을 했나요?

- 오늘 경기를 통해 무엇을 배웠나요? 다음 등판 때까지 연습해야 할 것은 무엇인가요?

투수와 포수의 경기 리뷰

작성일 :　　　　년　　　월　　　일

상대팀	투구이닝	투구수	스트라이크	볼

• 오늘 경기 최고의 피칭은 누구에게 던진 어떤 구종인가요? 그 장면을 떠올리며 그때의 기분을 다시 온 몸으로 생생하게 느껴보세요.

• 상대팀 타자들을 상대하기 위해 경기 전에 구체적으로 무엇을 분석하고 어떤 준비를 했나요?

• 가장 강하게 맞아나간 공은 무엇인가요? 왜 그랬을 지 타자의 입장에서 적어봅니다.

• 경기 중에 자주 일어난 생각이 있었나요? 그 생각이 경기를 방해하지 않도록 무엇을 했나요?

• 오늘 경기를 통해 무엇을 배웠나요? 다음 등판 때까지 연습해야 할 것은 무엇인가요?

투수와 포수의 경기 리뷰

작성일 :　　　　년　　　월　　　일

상대팀	투구이닝	투구수	스트라이크	볼

- 오늘 경기 최고의 피칭은 누구에게 던진 어떤 구종인가요? 그 장면을 떠올리며 그때의 기분을 다시 온 몸으로 생생하게 느껴보세요.

- 상대팀 타자들을 상대하기 위해 경기 전에 구체적으로 무엇을 분석하고 어떤 준비를 했나요?

- 가장 강하게 맞아나간 공은 무엇인가요? 왜 그랬을 지 타자의 입장에서 적어봅니다.

- 경기 중에 자주 일어난 생각이 있었나요? 그 생각이 경기를 방해하지 않도록 무엇을 했나요?

- 오늘 경기를 통해 무엇을 배웠나요? 다음 등판 때까지 연습해야 할 것은 무엇인가요?

투수와 포수의 경기 리뷰

작성일 : 　년　　월　　일

상대팀	투구이닝	투구수	스트라이크	볼

• 오늘 경기 최고의 피칭은 누구에게 던진 어떤 구종인가요? 그 장면을 떠올리며 그때의 기분을 다시 온 몸으로 생생하게 느껴보세요.

• 상대팀 타자들을 상대하기 위해 경기 전에 구체적으로 무엇을 분석하고 어떤 준비를 했나요?

• 가장 강하게 맞아나간 공은 무엇인가요? 왜 그랬을 지 타자의 입장에서 적어봅니다.

• 경기 중에 자주 일어난 생각이 있었나요? 그 생각이 경기를 방해하지 않도록 무엇을 했나요?

• 오늘 경기를 통해 무엇을 배웠나요? 다음 등판 때까지 연습해야 할 것은 무엇인가요?

투수와 포수의 경기 리뷰

작성일 :   년   월   일

상대팀	투구이닝	투구수	스트라이크	볼

• 오늘 경기 최고의 피칭은 누구에게 던진 어떤 구종인가요? 그 장면을 떠올리며 그때의 기분을 다시 온 몸으로 생생하게 느껴보세요.

• 상대팀 타자들을 상대하기 위해 경기 전에 구체적으로 무엇을 분석하고 어떤 준비를 했나요?

• 가장 강하게 맞아나간 공은 무엇인가요? 왜 그랬을 지 타자의 입장에서 적어봅니다.

• 경기 중에 자주 일어난 생각이 있었나요? 그 생각이 경기를 방해하지 않도록 무엇을 했나요?

• 오늘 경기를 통해 무엇을 배웠나요? 다음 등판 때까지 연습해야 할 것은 무엇인가요?

투수와 포수의 경기 리뷰

작성일 :　　　　년　　　월　　　일

상대팀	투구이닝	투구수	스트라이크	볼

• 오늘 경기 최고의 피칭은 누구에게 던진 어떤 구종인가요? 그 장면을 떠올리며 그때의 기분을 다시 온 몸으로 생생하게 느껴보세요.

• 상대팀 타자들을 상대하기 위해 경기 전에 구체적으로 무엇을 분석하고 어떤 준비를 했나요?

• 가장 강하게 맞아나간 공은 무엇인가요? 왜 그랬을 지 타자의 입장에서 적어봅니다.

• 경기 중에 자주 일어난 생각이 있었나요? 그 생각이 경기를 방해하지 않도록 무엇을 했나요?

• 오늘 경기를 통해 무엇을 배웠나요? 다음 등판 때까지 연습해야 할 것은 무엇인가요?

투수와 포수의 경기 리뷰

작성일 :　　　　　년　　　　월　　　　일

상대팀	투구이닝	투구수	스트라이크	볼

- 오늘 경기 최고의 피칭은 누구에게 던진 어떤 구종인가요? 그 장면을 떠올리며 그때의 기분을 다시 온 몸으로 생생하게 느껴보세요.

- 상대팀 타자들을 상대하기 위해 경기 전에 구체적으로 무엇을 분석하고 어떤 준비를 했나요?

- 가장 강하게 맞아나간 공은 무엇인가요? 왜 그랬을 지 타자의 입장에서 적어봅니다.

- 경기 중에 자주 일어난 생각이 있었나요? 그 생각이 경기를 방해하지 않도록 무엇을 했나요?

- 오늘 경기를 통해 무엇을 배웠나요? 다음 등판 때까지 연습해야 할 것은 무엇인가요?

투수와 포수의 경기 리뷰

작성일 :　　　년　　월　　일

상대팀	투구이닝	투구수	스트라이크	볼

• 오늘 경기 최고의 피칭은 누구에게 던진 어떤 구종인가요? 그 장면을 떠올리며 그때의 기분을 다시 온 몸으로 생생하게 느껴보세요.

• 상대팀 타자들을 상대하기 위해 경기 전에 구체적으로 무엇을 분석하고 어떤 준비를 했나요?

• 가장 강하게 맞아나간 공은 무엇인가요? 왜 그랬을 지 타자의 입장에서 적어봅니다.

• 경기 중에 자주 일어난 생각이 있었나요? 그 생각이 경기를 방해하지 않도록 무엇을 했나요?

• 오늘 경기를 통해 무엇을 배웠나요? 다음 등판 때까지 연습해야 할 것은 무엇인가요?

투수와 포수의 경기 리뷰

작성일 :　　　년　　　월　　　일

상대팀	투구이닝	투구수	스트라이크	볼

• 오늘 경기 최고의 피칭은 누구에게 던진 어떤 구종인가요? 그 장면을 떠올리며 그때의 기분을 다시 온 몸으로 생생하게 느껴보세요.

• 상대팀 타자들을 상대하기 위해 경기 전에 구체적으로 무엇을 분석하고 어떤 준비를 했나요?

• 가장 강하게 맞아나간 공은 무엇인가요? 왜 그랬을 지 타자의 입장에서 적어봅니다.

• 경기 중에 자주 일어난 생각이 있었나요? 그 생각이 경기를 방해하지 않도록 무엇을 했나요?

• 오늘 경기를 통해 무엇을 배웠나요? 다음 등판 때까지 연습해야 할 것은 무엇인가요?

투수와 포수의 경기 리뷰

작성일 :　　　　년　　　월　　　일

상대팀	투구이닝	투구수	스트라이크	볼

- 오늘 경기 최고의 피칭은 누구에게 던진 어떤 구종인가요? 그 장면을 떠올리며 그때의 기분을 다시 온 몸으로 생생하게 느껴보세요.

- 상대팀 타자들을 상대하기 위해 경기 전에 구체적으로 무엇을 분석하고 어떤 준비를 했나요?

- 가장 강하게 맞아나간 공은 무엇인가요? 왜 그랬을 지 타자의 입장에서 적어봅니다.

- 경기 중에 자주 일어난 생각이 있었나요? 그 생각이 경기를 방해하지 않도록 무엇을 했나요?

- 오늘 경기를 통해 무엇을 배웠나요? 다음 등판 때까지 연습해야 할 것은 무엇인가요?

투수와 포수의 경기 리뷰

작성일 : 　년　　월　　일

상대팀	투구이닝	투구수	스트라이크	볼

• 오늘 경기 최고의 피칭은 누구에게 던진 어떤 구종인가요? 그 장면을 떠올리며 그때의 기분을 다시 온 몸으로 생생하게 느껴보세요.

• 상대팀 타자들을 상대하기 위해 경기 전에 구체적으로 무엇을 분석하고 어떤 준비를 했나요?

• 가장 강하게 맞아나간 공은 무엇인가요? 왜 그랬을 지 타자의 입장에서 적어봅니다.

• 경기 중에 자주 일어난 생각이 있었나요? 그 생각이 경기를 방해하지 않도록 무엇을 했나요?

• 오늘 경기를 통해 무엇을 배웠나요? 다음 등판 때까지 연습해야 할 것은 무엇인가요?

투수와 포수의 경기 리뷰

작성일 :　　　　년　　월　　일

상대팀	투구이닝	투구수	스트라이크	볼

• 오늘 경기 최고의 피칭은 누구에게 던진 어떤 구종인가요? 그 장면을 떠올리며 그때의 기분을 다시 온 몸으로 생생하게 느껴보세요.

• 상대팀 타자들을 상대하기 위해 경기 전에 구체적으로 무엇을 분석하고 어떤 준비를 했나요?

• 가장 강하게 맞아나간 공은 무엇인가요? 왜 그랬을 지 타자의 입장에서 적어봅니다.

• 경기 중에 자주 일어난 생각이 있었나요? 그 생각이 경기를 방해하지 않도록 무엇을 했나요?

• 오늘 경기를 통해 무엇을 배웠나요? 다음 등판 때까지 연습해야 할 것은 무엇인가요?

투수와 포수의 경기 리뷰

작성일 :　　　년　　　월　　　일

상대팀	투구이닝	투구수	스트라이크	볼

- 오늘 경기 최고의 피칭은 누구에게 던진 어떤 구종인가요? 그 장면을 떠올리며 그때의 기분을 다시 온 몸으로 생생하게 느껴보세요.

- 상대팀 타자들을 상대하기 위해 경기 전에 구체적으로 무엇을 분석하고 어떤 준비를 했나요?

- 가장 강하게 맞아나간 공은 무엇인가요? 왜 그랬을 지 타자의 입장에서 적어봅니다.

- 경기 중에 자주 일어난 생각이 있었나요? 그 생각이 경기를 방해하지 않도록 무엇을 했나요?

- 오늘 경기를 통해 무엇을 배웠나요? 다음 등판 때까지 연습해야 할 것은 무엇인가요?

투수와 포수의 경기 리뷰

작성일 :   년   월   일

상대팀	투구이닝	투구수	스트라이크	볼

- 오늘 경기 최고의 피칭은 누구에게 던진 어떤 구종인가요? 그 장면을 떠올리며 그때의 기분을 다시 온 몸으로 생생하게 느껴보세요.

- 상대팀 타자들을 상대하기 위해 경기 전에 구체적으로 무엇을 분석하고 어떤 준비를 했나요?

- 가장 강하게 맞아나간 공은 무엇인가요? 왜 그랬을 지 타자의 입장에서 적어봅니다.

- 경기 중에 자주 일어난 생각이 있었나요? 그 생각이 경기를 방해하지 않도록 무엇을 했나요?

- 오늘 경기를 통해 무엇을 배웠나요? 다음 등판 때까지 연습해야 할 것은 무엇인가요?

투수와 포수의 경기 리뷰

작성일 :　　　　　년　　　월　　　일

상대팀	투구이닝	투구수	스트라이크	볼

• 오늘 경기 최고의 피칭은 누구에게 던진 어떤 구종인가요? 그 장면을 떠올리며 그때의 기분을 다시 온 몸으로 생생하게 느껴보세요.

• 상대팀 타자들을 상대하기 위해 경기 전에 구체적으로 무엇을 분석하고 어떤 준비를 했나요?

• 가장 강하게 맞아나간 공은 무엇인가요? 왜 그랬을 지 타자의 입장에서 적어봅니다.

• 경기 중에 자주 일어난 생각이 있었나요? 그 생각이 경기를 방해하지 않도록 무엇을 했나요?

• 오늘 경기를 통해 무엇을 배웠나요? 다음 등판 때까지 연습해야 할 것은 무엇인가요?

투수와 포수의 경기 리뷰

작성일 :　　　년　　월　　일

상대팀	투구이닝	투구수	스트라이크	볼

- 오늘 경기 최고의 피칭은 누구에게 던진 어떤 구종인가요? 그 장면을 떠올리며 그때의 기분을 다시 온 몸으로 생생하게 느껴보세요.

- 상대팀 타자들을 상대하기 위해 경기 전에 구체적으로 무엇을 분석하고 어떤 준비를 했나요?

- 가장 강하게 맞아나간 공은 무엇인가요? 왜 그랬을 지 타자의 입장에서 적어봅니다.

- 경기 중에 자주 일어난 생각이 있었나요? 그 생각이 경기를 방해하지 않도록 무엇을 했나요?

- 오늘 경기를 통해 무엇을 배웠나요? 다음 등판 때까지 연습해야 할 것은 무엇인가요?

투수와 포수의 경기 리뷰

작성일 :　　　　년　　　월　　　일

상대팀	투구이닝	투구수	스트라이크	볼

• 오늘 경기 최고의 피칭은 누구에게 던진 어떤 구종인가요? 그 장면을 떠올리며 그때의 기분을 다시 온 몸으로 생생하게 느껴보세요.

• 상대팀 타자들을 상대하기 위해 경기 전에 구체적으로 무엇을 분석하고 어떤 준비를 했나요?

• 가장 강하게 맞아나간 공은 무엇인가요? 왜 그랬을 지 타자의 입장에서 적어봅니다.

• 경기 중에 자주 일어난 생각이 있었나요? 그 생각이 경기를 방해하지 않도록 무엇을 했나요?

• 오늘 경기를 통해 무엇을 배웠나요? 다음 등판 때까지 연습해야 할 것은 무엇인가요?

투수와 포수의 경기 리뷰

작성일 :   년   월   일

상대팀	투구이닝	투구수	스트라이크	볼

• 오늘 경기 최고의 피칭은 누구에게 던진 어떤 구종인가요? 그 장면을 떠올리며 그때의 기분을 다시 온 몸으로 생생하게 느껴보세요.

• 상대팀 타자들을 상대하기 위해 경기 전에 구체적으로 무엇을 분석하고 어떤 준비를 했나요?

• 가장 강하게 맞아나간 공은 무엇인가요? 왜 그랬을 지 타자의 입장에서 적어봅니다.

• 경기 중에 자주 일어난 생각이 있었나요? 그 생각이 경기를 방해하지 않도록 무엇을 했나요?

• 오늘 경기를 통해 무엇을 배웠나요? 다음 등판 때까지 연습해야 할 것은 무엇인가요?

투수와 포수의 경기 리뷰

작성일 :　　　　년　　　월　　　일

상대팀	투구이닝	투구수	스트라이크	볼

- 오늘 경기 최고의 피칭은 누구에게 던진 어떤 구종인가요? 그 장면을 떠올리며 그때의 기분을 다시 온 몸으로 생생하게 느껴보세요.

- 상대팀 타자들을 상대하기 위해 경기 전에 구체적으로 무엇을 분석하고 어떤 준비를 했나요?

- 가장 강하게 맞아나간 공은 무엇인가요? 왜 그랬을 지 타자의 입장에서 적어봅니다.

- 경기 중에 자주 일어난 생각이 있었나요? 그 생각이 경기를 방해하지 않도록 무엇을 했나요?

- 오늘 경기를 통해 무엇을 배웠나요? 다음 등판 때까지 연습해야 할 것은 무엇인가요?

투수와 포수의 경기 리뷰

작성일 :　　　　년　　　월　　　일

상대팀	투구이닝	투구수	스트라이크	볼

- 오늘 경기 최고의 피칭은 누구에게 던진 어떤 구종인가요? 그 장면을 떠올리며 그때의 기분을 다시 온 몸으로 생생하게 느껴보세요.

- 상대팀 타자들을 상대하기 위해 경기 전에 구체적으로 무엇을 분석하고 어떤 준비를 했나요?

- 가장 강하게 맞아나간 공은 무엇인가요? 왜 그랬을 지 타자의 입장에서 적어봅니다.

- 경기 중에 자주 일어난 생각이 있었나요? 그 생각이 경기를 방해하지 않도록 무엇을 했나요?

- 오늘 경기를 통해 무엇을 배웠나요? 다음 등판 때까지 연습해야 할 것은 무엇인가요?

투수와 포수의 경기 리뷰

작성일 :   년   월   일

상대팀	투구이닝	투구수	스트라이크	볼

- 오늘 경기 최고의 피칭은 누구에게 던진 어떤 구종인가요? 그 장면을 떠올리며 그때의 기분을 다시 온 몸으로 생생하게 느껴보세요.

- 상대팀 타자들을 상대하기 위해 경기 전에 구체적으로 무엇을 분석하고 어떤 준비를 했나요?

- 가장 강하게 맞아나간 공은 무엇인가요? 왜 그랬을 지 타자의 입장에서 적어봅니다.

- 경기 중에 자주 일어난 생각이 있었나요? 그 생각이 경기를 방해하지 않도록 무엇을 했나요?

- 오늘 경기를 통해 무엇을 배웠나요? 다음 등판 때까지 연습해야 할 것은 무엇인가요?

투수와 포수의 경기 리뷰

작성일 :　　　　년　　　월　　　일

상대팀	투구이닝	투구수	스트라이크	볼

- 오늘 경기 최고의 피칭은 누구에게 던진 어떤 구종인가요? 그 장면을 떠올리며 그때의 기분을 다시 온 몸으로 생생하게 느껴보세요.

- 상대팀 타자들을 상대하기 위해 경기 전에 구체적으로 무엇을 분석하고 어떤 준비를 했나요?

- 가장 강하게 맞아나간 공은 무엇인가요? 왜 그랬을 지 타자의 입장에서 적어봅니다.

- 경기 중에 자주 일어난 생각이 있었나요? 그 생각이 경기를 방해하지 않도록 무엇을 했나요?

- 오늘 경기를 통해 무엇을 배웠나요? 다음 등판 때까지 연습해야 할 것은 무엇인가요?

투수와 포수의 경기 리뷰

작성일 :　　　년　　　월　　　일

상대팀	투구이닝	투구수	스트라이크	볼

• 오늘 경기 최고의 피칭은 누구에게 던진 어떤 구종인가요? 그 장면을 떠올리며 그때의 기분을 다시 온 몸으로 생생하게 느껴보세요.

• 상대팀 타자들을 상대하기 위해 경기 전에 구체적으로 무엇을 분석하고 어떤 준비를 했나요?

• 가장 강하게 맞아나간 공은 무엇인가요? 왜 그랬을 지 타자의 입장에서 적어봅니다.

• 경기 중에 자주 일어난 생각이 있었나요? 그 생각이 경기를 방해하지 않도록 무엇을 했나요?

• 오늘 경기를 통해 무엇을 배웠나요? 다음 등판 때까지 연습해야 할 것은 무엇인가요?

투수와 포수의 경기 리뷰

작성일 : 년 월 일

상대팀	투구이닝	투구수	스트라이크	볼

• 오늘 경기 최고의 피칭은 누구에게 던진 어떤 구종인가요? 그 장면을 떠올리며 그때의 기분을 다시 온 몸으로 생생하게 느껴보세요.

• 상대팀 타자들을 상대하기 위해 경기 전에 구체적으로 무엇을 분석하고 어떤 준비를 했나요?

• 가장 강하게 맞아나간 공은 무엇인가요? 왜 그랬을 지 타자의 입장에서 적어봅니다.

• 경기 중에 자주 일어난 생각이 있었나요? 그 생각이 경기를 방해하지 않도록 무엇을 했나요?

• 오늘 경기를 통해 무엇을 배웠나요? 다음 등판 때까지 연습해야 할 것은 무엇인가요?

투수와 포수의 경기 리뷰

작성일 :　　　년　　　월　　　일

상대팀	투구이닝	투구수	스트라이크	볼

• 오늘 경기 최고의 피칭은 누구에게 던진 어떤 구종인가요? 그 장면을 떠올리며 그때의 기분을 다시 온 몸으로 생생하게 느껴보세요.

• 상대팀 타자들을 상대하기 위해 경기 전에 구체적으로 무엇을 분석하고 어떤 준비를 했나요?

• 가장 강하게 맞아나간 공은 무엇인가요? 왜 그랬을 지 타자의 입장에서 적어봅니다.

• 경기 중에 자주 일어난 생각이 있었나요? 그 생각이 경기를 방해하지 않도록 무엇을 했나요?

• 오늘 경기를 통해 무엇을 배웠나요? 다음 등판 때까지 연습해야 할 것은 무엇인가요?

투수와 포수의 경기 리뷰

작성일 : 　　년　　월　　일

상대팀	투구이닝	투구수	스트라이크	볼

• 오늘 경기 최고의 피칭은 누구에게 던진 어떤 구종인가요? 그 장면을 떠올리며 그때의 기분을 다시 온 몸으로 생생하게 느껴보세요.

• 상대팀 타자들을 상대하기 위해 경기 전에 구체적으로 무엇을 분석하고 어떤 준비를 했나요?

• 가장 강하게 맞아나간 공은 무엇인가요? 왜 그랬을 지 타자의 입장에서 적어봅니다.

• 경기 중에 자주 일어난 생각이 있었나요? 그 생각이 경기를 방해하지 않도록 무엇을 했나요?

• 오늘 경기를 통해 무엇을 배웠나요? 다음 등판 때까지 연습해야 할 것은 무엇인가요?

투수와 포수의 경기 리뷰

작성일 :　　　년　　월　　일

상대팀	투구이닝	투구수	스트라이크	볼

• 오늘 경기 최고의 피칭은 누구에게 던진 어떤 구종인가요? 그 장면을 떠올리며 그때의 기분을 다시 온 몸으로 생생하게 느껴보세요.

• 상대팀 타자들을 상대하기 위해 경기 전에 구체적으로 무엇을 분석하고 어떤 준비를 했나요?

• 가장 강하게 맞아나간 공은 무엇인가요? 왜 그랬을 지 타자의 입장에서 적어봅니다.

• 경기 중에 자주 일어난 생각이 있었나요? 그 생각이 경기를 방해하지 않도록 무엇을 했나요?

• 오늘 경기를 통해 무엇을 배웠나요? 다음 등판 때까지 연습해야 할 것은 무엇인가요?

투수와 포수의 경기 리뷰

작성일 :   년   월   일

상대팀	투구이닝	투구수	스트라이크	볼

• 오늘 경기 최고의 피칭은 누구에게 던진 어떤 구종인가요? 그 장면을 떠올리며 그때의 기분을 다시 온 몸으로 생생하게 느껴보세요.

• 상대팀 타자들을 상대하기 위해 경기 전에 구체적으로 무엇을 분석하고 어떤 준비를 했나요?

• 가장 강하게 맞아나간 공은 무엇인가요? 왜 그랬을 지 타자의 입장에서 적어봅니다.

• 경기 중에 자주 일어난 생각이 있었나요? 그 생각이 경기를 방해하지 않도록 무엇을 했나요?

• 오늘 경기를 통해 무엇을 배웠나요? 다음 등판 때까지 연습해야 할 것은 무엇인가요?

투수와 포수의 경기 리뷰

작성일 :   년   월   일

상대팀	투구이닝	투구수	스트라이크	볼

• 오늘 경기 최고의 피칭은 누구에게 던진 어떤 구종인가요? 그 장면을 떠올리며 그때의 기분을 다시 온 몸으로 생생하게 느껴보세요.

• 상대팀 타자들을 상대하기 위해 경기 전에 구체적으로 무엇을 분석하고 어떤 준비를 했나요?

• 가장 강하게 맞아나간 공은 무엇인가요? 왜 그랬을 지 타자의 입장에서 적어봅니다.

• 경기 중에 자주 일어난 생각이 있었나요? 그 생각이 경기를 방해하지 않도록 무엇을 했나요?

• 오늘 경기를 통해 무엇을 배웠나요? 다음 등판 때까지 연습해야 할 것은 무엇인가요?

투수와 포수의 경기 리뷰

작성일 :   년   월   일

상대팀	투구이닝	투구수	스트라이크	볼

- 오늘 경기 최고의 피칭은 누구에게 던진 어떤 구종인가요? 그 장면을 떠올리며 그때의 기분을 다시 온 몸으로 생생하게 느껴보세요.

- 상대팀 타자들을 상대하기 위해 경기 전에 구체적으로 무엇을 분석하고 어떤 준비를 했나요?

- 가장 강하게 맞아나간 공은 무엇인가요? 왜 그랬을 지 타자의 입장에서 적어봅니다.

- 경기 중에 자주 일어난 생각이 있었나요? 그 생각이 경기를 방해하지 않도록 무엇을 했나요?

- 오늘 경기를 통해 무엇을 배웠나요? 다음 등판 때까지 연습해야 할 것은 무엇인가요?

투수와 포수의 경기 리뷰

작성일 :　　　년　　월　　일

상대팀	투구이닝	투구수	스트라이크	볼

- 오늘 경기 최고의 피칭은 누구에게 던진 어떤 구종인가요? 그 장면을 떠올리며 그때의 기분을 다시 온 몸으로 생생하게 느껴보세요.

- 상대팀 타자들을 상대하기 위해 경기 전에 구체적으로 무엇을 분석하고 어떤 준비를 했나요?

- 가장 강하게 맞아나간 공은 무엇인가요? 왜 그랬을 지 타자의 입장에서 적어봅니다.

- 경기 중에 자주 일어난 생각이 있었나요? 그 생각이 경기를 방해하지 않도록 무엇을 했나요?

- 오늘 경기를 통해 무엇을 배웠나요? 다음 등판 때까지 연습해야 할 것은 무엇인가요?

BASEBALL PLAY BOOK

타자가 스스로에게 답해야 할 질문들

질문	좌타자	우타자
가장 자신있게 때릴 수 있는 구종은 무엇인가요?		
상대하기 어려워하는 구종은 무엇인가요?		
가장 강한 타구를 때릴 수 있는 공은 어느 로케이션으로 들어오는 어떤 구종인가요?		
두 번째로 강한 타구를 때릴 수 있는 공은 어느 로케이션으로 들어오는 어떤 구종인가요?		
배트가 자주 쫓아나가서 헛스윙을 하는 구종과 로케이션은 무엇인가요?		
패스트볼을 노리다가 변화구가 들어오면 순간적으로 변화를 주는 편인가요? 아니면 어떤 공이 날아오는지 지켜보고 반응을 하는 편인가요?		
보통 어떤 의도를 가지고 타석에 들어가나요? (강하게 치려는 의도 vs 잘 맞추겠다는 의도)		
초구를 치는 편인가요? 지켜보는 편인가요?		
카운트가 유리할 때 패스트볼을 노리나요?		
투스트라이크가 되면 타격 동작과 의도를 바꾸나요? 아니면 그대로 유지하나요?		
투스트라이크가 되면 히팅존을 바꾸나요? 아니면 그대로 유지하나요?		

타자의 경기 리뷰

작성일 :　　　　년　　월　　일

상대팀	땅볼	뜬공	라인드라이브	볼넷	삼진

- 오늘 경기에서 가장 마음에 드는 타구는 무엇인가요? 그 장면을 떠올리며 그때의 기분을 다시 온 몸으로 생생하게 느껴보세요.

- 상대팀 투수들을 상대하기 위해 경기 전에 구체적으로 무엇을 분석하고 어떤 준비를 했나요?

- 유리한 카운트에서 공격적으로 스윙을 했나요? 만약 그러지 못했다면 이유가 무엇이었나요?

- 타석에서 자주 일어난 생각이 있었나요? 그 생각이 경기를 방해하지 않도록 무엇을 했나요?

- 오늘 경기를 통해 무엇을 배웠나요? 다음 경기 때까지 연습해야 할 것은 무엇인가요?

타자의 경기 리뷰

작성일 :　　　 년　　 월　　 일

상대팀	땅볼	뜬공	라인드라이브	볼넷	삼진

- 오늘 경기에서 가장 마음에 드는 타구는 무엇인가요? 그 장면을 떠올리며 그때의 기분을 다시 온 몸으로 생생하게 느껴보세요.

- 상대팀 투수들을 상대하기 위해 경기 전에 구체적으로 무엇을 분석하고 어떤 준비를 했나요?

- 유리한 카운트에서 공격적으로 스윙을 했나요? 만약 그러지 못했다면 이유가 무엇이었나요?

- 타석에서 자주 일어난 생각이 있었나요? 그 생각이 경기를 방해하지 않도록 무엇을 했나요?

- 오늘 경기를 통해 무엇을 배웠나요? 다음 경기 때까지 연습해야 할 것은 무엇인가요?

타자의 경기 리뷰

작성일 :　　　　　년　　　월　　　일

상대팀	땅볼	뜬공	라인드라이브	볼넷	삼진

• 오늘 경기에서 가장 마음에 드는 타구는 무엇인가요? 그 장면을 떠올리며 그때의 기분을 다시 온
  몸으로 생생하게 느껴보세요.

• 상대팀 투수들을 상대하기 위해 경기 전에 구체적으로 무엇을 분석하고 어떤 준비를 했나요?

• 유리한 카운트에서 공격적으로 스윙을 했나요? 만약 그러지 못했다면 이유가 무엇이었나요?

• 타석에서 자주 일어난 생각이 있었나요? 그 생각이 경기를 방해하지 않도록 무엇을 했나요?

• 오늘 경기를 통해 무엇을 배웠나요? 다음 경기 때까지 연습해야 할 것은 무엇인가요?

타자의 경기 리뷰

작성일 :　　　　년　　　월　　　일

상대팀	땅볼	뜬공	라인드라이브	볼넷	삼진

• 오늘 경기에서 가장 마음에 드는 타구는 무엇인가요? 그 장면을 떠올리며 그때의 기분을 다시 온 몸으로 생생하게 느껴보세요.

• 상대팀 투수들을 상대하기 위해 경기 전에 구체적으로 무엇을 분석하고 어떤 준비를 했나요?

• 유리한 카운트에서 공격적으로 스윙을 했나요? 만약 그러지 못했다면 이유가 무엇이었나요?

• 타석에서 자주 일어난 생각이 있었나요? 그 생각이 경기를 방해하지 않도록 무엇을 했나요?

• 오늘 경기를 통해 무엇을 배웠나요? 다음 경기 때까지 연습해야 할 것은 무엇인가요?

타자의 경기 리뷰

작성일 :   년   월   일

상대팀	땅볼	뜬공	라인드라이브	볼넷	삼진

• 오늘 경기에서 가장 마음에 드는 타구는 무엇인가요? 그 장면을 떠올리며 그때의 기분을 다시 온 몸으로 생생하게 느껴보세요.

• 상대팀 투수들을 상대하기 위해 경기 전에 구체적으로 무엇을 분석하고 어떤 준비를 했나요?

• 유리한 카운트에서 공격적으로 스윙을 했나요? 만약 그러지 못했다면 이유가 무엇이었나요?

• 타석에서 자주 일어난 생각이 있었나요? 그 생각이 경기를 방해하지 않도록 무엇을 했나요?

• 오늘 경기를 통해 무엇을 배웠나요? 다음 경기 때까지 연습해야 할 것은 무엇인가요?

타자의 경기 리뷰

작성일 :　　　　년　　　월　　　일

상대팀	땅볼	뜬공	라인드라이브	볼넷	삼진

- 오늘 경기에서 가장 마음에 드는 타구는 무엇인가요? 그 장면을 떠올리며 그때의 기분을 다시 온 몸으로 생생하게 느껴보세요.

- 상대팀 투수들을 상대하기 위해 경기 전에 구체적으로 무엇을 분석하고 어떤 준비를 했나요?

- 유리한 카운트에서 공격적으로 스윙을 했나요? 만약 그러지 못했다면 이유가 무엇이었나요?

- 타석에서 자주 일어난 생각이 있었나요? 그 생각이 경기를 방해하지 않도록 무엇을 했나요?

- 오늘 경기를 통해 무엇을 배웠나요? 다음 경기 때까지 연습해야 할 것은 무엇인가요?

타자의 경기 리뷰

작성일 :　　　　　년　　월　　일

상대팀	땅볼	뜬공	라인드라이브	볼넷	삼진

- 오늘 경기에서 가장 마음에 드는 타구는 무엇인가요? 그 장면을 떠올리며 그때의 기분을 다시 온몸으로 생생하게 느껴보세요.

- 상대팀 투수들을 상대하기 위해 경기 전에 구체적으로 무엇을 분석하고 어떤 준비를 했나요?

- 유리한 카운트에서 공격적으로 스윙을 했나요? 만약 그러지 못했다면 이유가 무엇이었나요?

- 타석에서 자주 일어난 생각이 있었나요? 그 생각이 경기를 방해하지 않도록 무엇을 했나요?

- 오늘 경기를 통해 무엇을 배웠나요? 다음 경기 때까지 연습해야 할 것은 무엇인가요?

타자의 경기 리뷰

작성일 :　　　년　　　월　　　일

상대팀	땅볼	뜬공	라인드라이브	볼넷	삼진

- 오늘 경기에서 가장 마음에 드는 타구는 무엇인가요? 그 장면을 떠올리며 그때의 기분을 다시 온 몸으로 생생하게 느껴보세요.

- 상대팀 투수들을 상대하기 위해 경기 전에 구체적으로 무엇을 분석하고 어떤 준비를 했나요?

- 유리한 카운트에서 공격적으로 스윙을 했나요? 만약 그러지 못했다면 이유가 무엇이었나요?

- 타석에서 자주 일어난 생각이 있었나요? 그 생각이 경기를 방해하지 않도록 무엇을 했나요?

- 오늘 경기를 통해 무엇을 배웠나요? 다음 경기 때까지 연습해야 할 것은 무엇인가요?

타자의 경기 리뷰

작성일 :　　　　년　　　월　　　일

상대팀	땅볼	뜬공	라인드라이브	볼넷	삼진

- 오늘 경기에서 가장 마음에 드는 타구는 무엇인가요? 그 장면을 떠올리며 그때의 기분을 다시 온 몸으로 생생하게 느껴보세요.

- 상대팀 투수들을 상대하기 위해 경기 전에 구체적으로 무엇을 분석하고 어떤 준비를 했나요?

- 유리한 카운트에서 공격적으로 스윙을 했나요? 만약 그러지 못했다면 이유가 무엇이었나요?

- 타석에서 자주 일어난 생각이 있었나요? 그 생각이 경기를 방해하지 않도록 무엇을 했나요?

- 오늘 경기를 통해 무엇을 배웠나요? 다음 경기 때까지 연습해야 할 것은 무엇인가요?

타자의 경기 리뷰

작성일 :　　　년　　　월　　　일

상대팀	땅볼	뜬공	라인드라이브	볼넷	삼진

- 오늘 경기에서 가장 마음에 드는 타구는 무엇인가요? 그 장면을 떠올리며 그때의 기분을 다시 온 몸으로 생생하게 느껴보세요.

- 상대팀 투수들을 상대하기 위해 경기 전에 구체적으로 무엇을 분석하고 어떤 준비를 했나요?

- 유리한 카운트에서 공격적으로 스윙을 했나요? 만약 그러지 못했다면 이유가 무엇이었나요?

- 타석에서 자주 일어난 생각이 있었나요? 그 생각이 경기를 방해하지 않도록 무엇을 했나요?

- 오늘 경기를 통해 무엇을 배웠나요? 다음 경기 때까지 연습해야 할 것은 무엇인가요?

타자의 경기 리뷰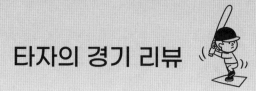

작성일 :　　　　　년　　　월　　　일

상대팀	땅볼	뜬공	라인드라이브	볼넷	삼진

• 오늘 경기에서 가장 마음에 드는 타구는 무엇인가요? 그 장면을 떠올리며 그때의 기분을 다시 온
몸으로 생생하게 느껴보세요.

• 상대팀 투수들을 상대하기 위해 경기 전에 구체적으로 무엇을 분석하고 어떤 준비를 했나요?

• 유리한 카운트에서 공격적으로 스윙을 했나요? 만약 그러지 못했다면 이유가 무엇이었나요?

• 타석에서 자주 일어난 생각이 있었나요? 그 생각이 경기를 방해하지 않도록 무엇을 했나요?

• 오늘 경기를 통해 무엇을 배웠나요? 다음 경기 때까지 연습해야 할 것은 무엇인가요?

타자의 경기 리뷰

작성일 :   년   월   일

상대팀	땅볼	뜬공	라인드라이브	볼넷	삼진

- 오늘 경기에서 가장 마음에 드는 타구는 무엇인가요? 그 장면을 떠올리며 그때의 기분을 다시 온 몸으로 생생하게 느껴보세요.

- 상대팀 투수들을 상대하기 위해 경기 전에 구체적으로 무엇을 분석하고 어떤 준비를 했나요?

- 유리한 카운트에서 공격적으로 스윙을 했나요? 만약 그러지 못했다면 이유가 무엇이었나요?

- 타석에서 자주 일어난 생각이 있었나요? 그 생각이 경기를 방해하지 않도록 무엇을 했나요?

- 오늘 경기를 통해 무엇을 배웠나요? 다음 경기 때까지 연습해야 할 것은 무엇인가요?

타자의 경기 리뷰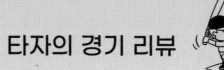

작성일 :　　　　년　　월　　일

상대팀	땅볼	뜬공	라인드라이브	볼넷	삼진

- 오늘 경기에서 가장 마음에 드는 타구는 무엇인가요? 그 장면을 떠올리며 그때의 기분을 다시 온몸으로 생생하게 느껴보세요.

- 상대팀 투수들을 상대하기 위해 경기 전에 구체적으로 무엇을 분석하고 어떤 준비를 했나요?

- 유리한 카운트에서 공격적으로 스윙을 했나요? 만약 그러지 못했다면 이유가 무엇이었나요?

- 타석에서 자주 일어난 생각이 있었나요? 그 생각이 경기를 방해하지 않도록 무엇을 했나요?

- 오늘 경기를 통해 무엇을 배웠나요? 다음 경기 때까지 연습해야 할 것은 무엇인가요?

타자의 경기 리뷰

작성일 :　　　　　년　　　월　　　일

상대팀	땅볼	뜬공	라인드라이브	볼넷	삼진

- 오늘 경기에서 가장 마음에 드는 타구는 무엇인가요? 그 장면을 떠올리며 그때의 기분을 다시 온 몸으로 생생하게 느껴보세요.

- 상대팀 투수들을 상대하기 위해 경기 전에 구체적으로 무엇을 분석하고 어떤 준비를 했나요?

- 유리한 카운트에서 공격적으로 스윙을 했나요? 만약 그러지 못했다면 이유가 무엇이었나요?

- 타석에서 자주 일어난 생각이 있었나요? 그 생각이 경기를 방해하지 않도록 무엇을 했나요?

- 오늘 경기를 통해 무엇을 배웠나요? 다음 경기 때까지 연습해야 할 것은 무엇인가요?

타자의 경기 리뷰

작성일 :　　　　년　　월　　일

상대팀	땅볼	뜬공	라인드라이브	볼넷	삼진

- 오늘 경기에서 가장 마음에 드는 타구는 무엇인가요? 그 장면을 떠올리며 그때의 기분을 다시 온 몸으로 생생하게 느껴보세요.

- 상대팀 투수들을 상대하기 위해 경기 전에 구체적으로 무엇을 분석하고 어떤 준비를 했나요?

- 유리한 카운트에서 공격적으로 스윙을 했나요? 만약 그러지 못했다면 이유가 무엇이었나요?

- 타석에서 자주 일어난 생각이 있었나요? 그 생각이 경기를 방해하지 않도록 무엇을 했나요?

- 오늘 경기를 통해 무엇을 배웠나요? 다음 경기 때까지 연습해야 할 것은 무엇인가요?

타자의 경기 리뷰

작성일 :   년   월   일

상대팀	땅볼	뜬공	라인드라이브	볼넷	삼진

- 오늘 경기에서 가장 마음에 드는 타구는 무엇인가요? 그 장면을 떠올리며 그때의 기분을 다시 온 몸으로 생생하게 느껴보세요.

- 상대팀 투수들을 상대하기 위해 경기 전에 구체적으로 무엇을 분석하고 어떤 준비를 했나요?

- 유리한 카운트에서 공격적으로 스윙을 했나요? 만약 그러지 못했다면 이유가 무엇이었나요?

- 타석에서 자주 일어난 생각이 있었나요? 그 생각이 경기를 방해하지 않도록 무엇을 했나요?

- 오늘 경기를 통해 무엇을 배웠나요? 다음 경기 때까지 연습해야 할 것은 무엇인가요?

타자의 경기 리뷰

작성일 :　　　년　　월　　일

상대팀	땅볼	뜬공	라인드라이브	볼넷	삼진

- 오늘 경기에서 가장 마음에 드는 타구는 무엇인가요? 그 장면을 떠올리며 그때의 기분을 다시 온몸으로 생생하게 느껴보세요.

- 상대팀 투수들을 상대하기 위해 경기 전에 구체적으로 무엇을 분석하고 어떤 준비를 했나요?

- 유리한 카운트에서 공격적으로 스윙을 했나요? 만약 그러지 못했다면 이유가 무엇이었나요?

- 타석에서 자주 일어난 생각이 있었나요? 그 생각이 경기를 방해하지 않도록 무엇을 했나요?

- 오늘 경기를 통해 무엇을 배웠나요? 다음 경기 때까지 연습해야 할 것은 무엇인가요?

타자의 경기 리뷰

작성일 :　　　년　　월　　일

상대팀	땅볼	뜬공	라인드라이브	볼넷	삼진

- 오늘 경기에서 가장 마음에 드는 타구는 무엇인가요? 그 장면을 떠올리며 그때의 기분을 다시 온몸으로 생생하게 느껴보세요.

- 상대팀 투수들을 상대하기 위해 경기 전에 구체적으로 무엇을 분석하고 어떤 준비를 했나요?

- 유리한 카운트에서 공격적으로 스윙을 했나요? 만약 그러지 못했다면 이유가 무엇이었나요?

- 타석에서 자주 일어난 생각이 있었나요? 그 생각이 경기를 방해하지 않도록 무엇을 했나요?

- 오늘 경기를 통해 무엇을 배웠나요? 다음 경기 때까지 연습해야 할 것은 무엇인가요?

타자의 경기 리뷰

작성일 :   년   월   일

상대팀	땅볼	뜬공	라인드라이브	볼넷	삼진

- 오늘 경기에서 가장 마음에 드는 타구는 무엇인가요? 그 장면을 떠올리며 그때의 기분을 다시 온 몸으로 생생하게 느껴보세요.

- 상대팀 투수들을 상대하기 위해 경기 전에 구체적으로 무엇을 분석하고 어떤 준비를 했나요?

- 유리한 카운트에서 공격적으로 스윙을 했나요? 만약 그러지 못했다면 이유가 무엇이었나요?

- 타석에서 자주 일어난 생각이 있었나요? 그 생각이 경기를 방해하지 않도록 무엇을 했나요?

- 오늘 경기를 통해 무엇을 배웠나요? 다음 경기 때까지 연습해야 할 것은 무엇인가요?

타자의 경기 리뷰

작성일 :   년   월   일

상대팀	땅볼	뜬공	라인드라이브	볼넷	삼진

• 오늘 경기에서 가장 마음에 드는 타구는 무엇인가요? 그 장면을 떠올리며 그때의 기분을 다시 온 몸으로 생생하게 느껴보세요.

• 상대팀 투수들을 상대하기 위해 경기 전에 구체적으로 무엇을 분석하고 어떤 준비를 했나요?

• 유리한 카운트에서 공격적으로 스윙을 했나요? 만약 그러지 못했다면 이유가 무엇이었나요?

• 타석에서 자주 일어난 생각이 있었나요? 그 생각이 경기를 방해하지 않도록 무엇을 했나요?

• 오늘 경기를 통해 무엇을 배웠나요? 다음 경기 때까지 연습해야 할 것은 무엇인가요?

타자의 경기 리뷰

작성일 :　　　　년　　　월　　　일

상대팀	땅볼	뜬공	라인드라이브	볼넷	삼진

• 오늘 경기에서 가장 마음에 드는 타구는 무엇인가요? 그 장면을 떠올리며 그때의 기분을 다시 온 몸으로 생생하게 느껴보세요.

• 상대팀 투수들을 상대하기 위해 경기 전에 구체적으로 무엇을 분석하고 어떤 준비를 했나요?

• 유리한 카운트에서 공격적으로 스윙을 했나요? 만약 그러지 못했다면 이유가 무엇이었나요?

• 타석에서 자주 일어난 생각이 있었나요? 그 생각이 경기를 방해하지 않도록 무엇을 했나요?

• 오늘 경기를 통해 무엇을 배웠나요? 다음 경기 때까지 연습해야 할 것은 무엇인가요?

타자의 경기 리뷰

작성일 :　　　　년　　　월　　　일

상대팀	땅볼	뜬공	라인드라이브	볼넷	삼진

- 오늘 경기에서 가장 마음에 드는 타구는 무엇인가요? 그 장면을 떠올리며 그때의 기분을 다시 온 몸으로 생생하게 느껴보세요.

- 상대팀 투수들을 상대하기 위해 경기 전에 구체적으로 무엇을 분석하고 어떤 준비를 했나요?

- 유리한 카운트에서 공격적으로 스윙을 했나요? 만약 그러지 못했다면 이유가 무엇이었나요?

- 타석에서 자주 일어난 생각이 있었나요? 그 생각이 경기를 방해하지 않도록 무엇을 했나요?

- 오늘 경기를 통해 무엇을 배웠나요? 다음 경기 때까지 연습해야 할 것은 무엇인가요?

타자의 경기 리뷰

작성일 :   년   월   일

상대팀	땅볼	뜬공	라인드라이브	볼넷	삼진

- 오늘 경기에서 가장 마음에 드는 타구는 무엇인가요? 그 장면을 떠올리며 그때의 기분을 다시 온 몸으로 생생하게 느껴보세요.

- 상대팀 투수들을 상대하기 위해 경기 전에 구체적으로 무엇을 분석하고 어떤 준비를 했나요?

- 유리한 카운트에서 공격적으로 스윙을 했나요? 만약 그러지 못했다면 이유가 무엇이었나요?

- 타석에서 자주 일어난 생각이 있었나요? 그 생각이 경기를 방해하지 않도록 무엇을 했나요?

- 오늘 경기를 통해 무엇을 배웠나요? 다음 경기 때까지 연습해야 할 것은 무엇인가요?

타자의 경기 리뷰

작성일 :　　　년　　　월　　　일

상대팀	땅볼	뜬공	라인드라이브	볼넷	삼진

- 오늘 경기에서 가장 마음에 드는 타구는 무엇인가요? 그 장면을 떠올리며 그때의 기분을 다시 온 몸으로 생생하게 느껴보세요.

- 상대팀 투수들을 상대하기 위해 경기 전에 구체적으로 무엇을 분석하고 어떤 준비를 했나요?

- 유리한 카운트에서 공격적으로 스윙을 했나요? 만약 그러지 못했다면 이유가 무엇이었나요?

- 타석에서 자주 일어난 생각이 있었나요? 그 생각이 경기를 방해하지 않도록 무엇을 했나요?

- 오늘 경기를 통해 무엇을 배웠나요? 다음 경기 때까지 연습해야 할 것은 무엇인가요?

타자의 경기 리뷰

작성일 :　　　　　년　　월　　일

상대팀	땅볼	뜬공	라인드라이브	볼넷	삼진

• 오늘 경기에서 가장 마음에 드는 타구는 무엇인가요? 그 장면을 떠올리며 그때의 기분을 다시 온 몸으로 생생하게 느껴보세요.

• 상대팀 투수들을 상대하기 위해 경기 전에 구체적으로 무엇을 분석하고 어떤 준비를 했나요?

• 유리한 카운트에서 공격적으로 스윙을 했나요? 만약 그러지 못했다면 이유가 무엇이었나요?

• 타석에서 자주 일어난 생각이 있었나요? 그 생각이 경기를 방해하지 않도록 무엇을 했나요?

• 오늘 경기를 통해 무엇을 배웠나요? 다음 경기 때까지 연습해야 할 것은 무엇인가요?

타자의 경기 리뷰

작성일 :　　　　년　　월　　일

상대팀	땅볼	뜬공	라인드라이브	볼넷	삼진

- 오늘 경기에서 가장 마음에 드는 타구는 무엇인가요? 그 장면을 떠올리며 그때의 기분을 다시 온 몸으로 생생하게 느껴보세요.

- 상대팀 투수들을 상대하기 위해 경기 전에 구체적으로 무엇을 분석하고 어떤 준비를 했나요?

- 유리한 카운트에서 공격적으로 스윙을 했나요? 만약 그러지 못했다면 이유가 무엇이었나요?

- 타석에서 자주 일어난 생각이 있었나요? 그 생각이 경기를 방해하지 않도록 무엇을 했나요?

- 오늘 경기를 통해 무엇을 배웠나요? 다음 경기 때까지 연습해야 할 것은 무엇인가요?

타자의 경기 리뷰

작성일 :　　　　년　　　월　　　일

상대팀	땅볼	뜬공	라인드라이브	볼넷	삼진

• 오늘 경기에서 가장 마음에 드는 타구는 무엇인가요? 그 장면을 떠올리며 그때의 기분을 다시 온
  몸으로 생생하게 느껴보세요.

• 상대팀 투수들을 상대하기 위해 경기 전에 구체적으로 무엇을 분석하고 어떤 준비를 했나요?

• 유리한 카운트에서 공격적으로 스윙을 했나요? 만약 그러지 못했다면 이유가 무엇이었나요?

• 타석에서 자주 일어난 생각이 있었나요? 그 생각이 경기를 방해하지 않도록 무엇을 했나요?

• 오늘 경기를 통해 무엇을 배웠나요? 다음 경기 때까지 연습해야 할 것은 무엇인가요?

타자의 경기 리뷰

작성일 :   년   월   일

상대팀	땅볼	뜬공	라인드라이브	볼넷	삼진

• 오늘 경기에서 가장 마음에 드는 타구는 무엇인가요? 그 장면을 떠올리며 그때의 기분을 다시 온 몸으로 생생하게 느껴보세요.

• 상대팀 투수들을 상대하기 위해 경기 전에 구체적으로 무엇을 분석하고 어떤 준비를 했나요?

• 유리한 카운트에서 공격적으로 스윙을 했나요? 만약 그러지 못했다면 이유가 무엇이었나요?

• 타석에서 자주 일어난 생각이 있었나요? 그 생각이 경기를 방해하지 않도록 무엇을 했나요?

• 오늘 경기를 통해 무엇을 배웠나요? 다음 경기 때까지 연습해야 할 것은 무엇인가요?

타자의 경기 리뷰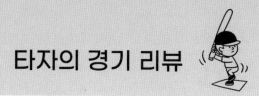

작성일 :　　　　년　　월　　일

상대팀	땅볼	뜬공	라인드라이브	볼넷	삼진

- 오늘 경기에서 가장 마음에 드는 타구는 무엇인가요? 그 장면을 떠올리며 그때의 기분을 다시 온몸으로 생생하게 느껴보세요.

- 상대팀 투수들을 상대하기 위해 경기 전에 구체적으로 무엇을 분석하고 어떤 준비를 했나요?

- 유리한 카운트에서 공격적으로 스윙을 했나요? 만약 그러지 못했다면 이유가 무엇이었나요?

- 타석에서 자주 일어난 생각이 있었나요? 그 생각이 경기를 방해하지 않도록 무엇을 했나요?

- 오늘 경기를 통해 무엇을 배웠나요? 다음 경기 때까지 연습해야 할 것은 무엇인가요?

타자의 경기 리뷰

작성일 :　　　　년　　　월　　　일

상대팀	땅볼	뜬공	라인드라이브	볼넷	삼진

- 오늘 경기에서 가장 마음에 드는 타구는 무엇인가요? 그 장면을 떠올리며 그때의 기분을 다시 온몸으로 생생하게 느껴보세요.

- 상대팀 투수들을 상대하기 위해 경기 전에 구체적으로 무엇을 분석하고 어떤 준비를 했나요?

- 유리한 카운트에서 공격적으로 스윙을 했나요? 만약 그러지 못했다면 이유가 무엇이었나요?

- 타석에서 자주 일어난 생각이 있었나요? 그 생각이 경기를 방해하지 않도록 무엇을 했나요?

- 오늘 경기를 통해 무엇을 배웠나요? 다음 경기 때까지 연습해야 할 것은 무엇인가요?

타자의 경기 리뷰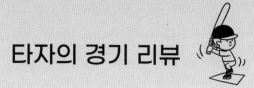

작성일 :   년   월   일

상대팀	땅볼	뜬공	라인드라이브	볼넷	삼진

• 오늘 경기에서 가장 마음에 드는 타구는 무엇인가요? 그 장면을 떠올리며 그때의 기분을 다시 온 몸으로 생생하게 느껴보세요.

• 상대팀 투수들을 상대하기 위해 경기 전에 구체적으로 무엇을 분석하고 어떤 준비를 했나요?

• 유리한 카운트에서 공격적으로 스윙을 했나요? 만약 그러지 못했다면 이유가 무엇이었나요?

• 타석에서 자주 일어난 생각이 있었나요? 그 생각이 경기를 방해하지 않도록 무엇을 했나요?

• 오늘 경기를 통해 무엇을 배웠나요? 다음 경기 때까지 연습해야 할 것은 무엇인가요?

BASEBALL PLAY BOOK

나만의 멘탈 프로세스 만들기 [작성방법]

산란한 마음으로부터 벗어나 다시 '지금 여기로' 몸과 마음을 불러오는 나만의 의식 만들기!

경기를 하다 보면 많은 일들이 일어납니다. 그럴 때마다 머릿속에는 여러 생각들이 떠오릅니다. 위기의 상황에 몰리면 '삼진 당하면 어떡하지?' '볼넷 주면 안되는데...' 하는 부정적인 생각이 나도 모르게 올라옵니다. 심장도 뛰고 감정도 요동칩니다. 바로 그 순간 나는 무엇을 하나요? 그런 생각과 감정이 나를 사로잡아 흔들도록 그냥 내버려 두나요? 최고의 선수들은 경기 중에 일어나는 이런 상황을 미리 준비합니다. 다시 경기에 몰입할 수 있는 자신만의 프로세스를 가지고 있는 것이죠.

어떤 선수는 타석에서 헛스윙을 한번 하고 나면 왼쪽에 있는 노란색 파울폴대를 한번 보고 다시 마음을 추스릅니다. 어떤 투수는 마운드 주변의 흙을 발로 두 세번 쓸면서 복잡한 생각으로부터 빠져 나옵니다.

산란한 마음으로부터 벗어나 다시 '지금 여기로' 몸과 마음을 불러오는 나만의 의식을 만들어봅시다. 간단하고 쉽게 실천할 수 있을 수록 효과적입니다.

| 작성예 |

- 마운드 (또는 타석이나 수비위치에서) 긴장이 되며 부정적인 생각이 올라올 때 나는…

- 배트 끝을 보며 심호흡을 깊게 한다.
- 오른쪽 파울 폴대를 슬쩍 쳐다보며 생각으로부터 빠져 나온다.

나만의 멘탈 프로세스 만들기

- 마운드 (또는 타석이나 수비위치에서) 긴장이 되며 부정적인 생각이 올라올 때 나는…

- 덕아웃에서 긴장이 되며 부정적인 생각이 올라올 때 나는…

나만의 멘탈 프로세스 만들기

- 마운드 (또는 타석이나 수비위치에서) 긴장이 되며 부정적인 생각이 올라올 때 나는…

- 덕아웃에서 긴장이 되며 부정적인 생각이 올라올 때 나는…

기획·편집 **최승표**

코치라운드 대표
'우리 아이는 야구선수' 네이버 카페 운영자
공저『생각하는 야구교과서』(2016년)
번역서『조지 킨더의 라이프 플래닝』(2010년)
격월간『우리야구』발간 (2020~2021년)
한국프로야구선수협 주관 '은퇴선수를 위한 지도자교육 과정' 강사 (2017, 2018년)
한국스포츠코칭학회 강사 (2017, 2023년)
한국야구학회 강사 및 패널 (201, 2018년)
CM충무병원 유소년 세미나 강사 (2019년)
스포츠문화연구소 강사 (2017년)
(전) 야구친구 칼럼니스트
우리야구 컨벤션/메이저리그 코치 클리닉/코칭언어 스터디/학부모 오픈테이블 등
코치와 학부모, 선수를 위한 프로그램을 다수 진행하고 있다.

야구소년 플레이북

초판 1쇄 인쇄   2023년 12월 13일
초판 1쇄 발행   2023년 12월 28일

기획·편집   최승표
일러스트   정희정
디자인   정면, 정희정
펴낸곳   코치라운드

출판등록   2022년 2월 8일 신고번호 제2022-000020호
주소   경기 용인시 기흥구 동백7로 96 2311-103
전화   070-4797-3004
전자우편   choopa3000@gmail.com
홈페이지   www.coachround.com

ⓒ 코치라운드, 2023
ISBN 979-11-981407-3-9   03690